舵手证券图书
www.zqbooks.com

知海领航财富人生

舵手俱乐部 www.duoshou108.com

不 败 而 胜

尼古拉斯·阿特基森　安德鲁·霍顿 著

刘欢 译

山西出版传媒集团
山西人民出版社

图书在版编目（CIP）数据

不败而胜／（美）尼古拉斯·阿特基森，（美）安德鲁·霍顿著；刘欢译. --太原：山西人民出版社，2017.1

ISBN 978-7-203-09509-5

Ⅰ.①不… Ⅱ.①尼…②安…③刘… Ⅲ.①股票投资-基本知识 Ⅳ.①F830.91

中国版本图书馆 CIP 数据核字（2016）第 048877 号

Nicholas Atkeson, Andrew Houghton
Win By Not Losing
0-07-181290-3
Copyright ©［2014］by McGraw-Hill Education.
All Rights reserved. No part of this publication may be reproduced or transmitted in any form or by any means, electronic or mechanical, including without limitation photocopying, recording, taping, or any database, information or retrieval system, without the prior written permission of the publisher.
This authorized Chinese translation edition is jointly published by McGraw-Hill Education and SHANXI PEOPLE'S PUBLISHING HOUSE.This edition is authorized for sale in the People's Republic of China only, excluding Hong Kong, Macao SAR and Taiwan.
Copyright ©［2016］by McGraw-Hill Education and SHANXI PEOPLE'S PUBLISHING HOUSE.
版权所有。未经出版人事先书面许可，对本出版物的任何部分不得以任何方式或途径复制或传播，包括但不限于复印、录制、录音，或通过任何数据库、信息或可检索的系统。
本授权中文简体字翻译版由麦格劳-希尔（亚洲）教育出版公司和山西人民出版社合作出版。此版本经授权仅限在中华人民共和国境内（不包括香港特别行政区、澳门特别行政区和台湾）销售。
版权©［2016］由麦格劳-希尔（亚洲）教育出版公司与山西人民出版社所有。
本书封面贴有 McGraw-Hill Education 公司防伪标签，无标签者不得销售。

著作权合同登记号　　图字：04-2016-012

不败而胜

著　　者：	（美）尼古拉斯·阿特基森　安德鲁·霍顿
译　　者：	刘　欢
责任编辑：	徐晓宇
出 版 者：	山西出版传媒集团·山西人民出版社
地　　址：	太原市建设南路 21 号
邮　　编：	030012
发行营销：	0351-4922220　4955996　4956039　4922127（传真）
天猫官网：	http://sxrmcbs.tmall.com　电话:0351-4922159
E-mail：	sxskcb@163.com　发行部
	sxskcb@126.com　总编室
网　　址：	www.sxskcb.com
经 销 者：	山西出版传媒集团·山西人民出版社
承 印 者：	大厂回族自治县德诚印务有限公司
开　　本：	710mm×1000mm　1/16
印　　张：	14
字　　数：	180 千字
印　　数：	1-5100 册
版　　次：	2017 年 1 月　第 1 版
印　　次：	2017 年 1 月　第 1 次印刷
书　　号：	ISBN 978-7-203-09509-5
定　　价：	48.00 元

如有印装质量问题请与本社联系调换

推荐序

作为全球最大的自主投资博览会钱瞻（MoneyShow）的创始人和名誉主席，我在过去35年中致力于帮助个人投资者找到成功的投资策略。在将近40年的时间里，我发现零售投资行业内提供的大多是些千篇一律的建议，比如，将来之不易的积蓄投入到标准化的大众市场投资产品中，而这样的建议完全不适合瞬息万变的股市。这一点时常让我感到失望。

遗憾的是，大多数人都曾被理财顾问忽悠过。当看到过去12年间股市没有增值，2007年至2009年发生了超过50%的股市崩盘，大家慢慢开始觉醒。你的退休储蓄、你为孩子准备的教育基金以及你的总体财产在10多年的时间里都未曾增长。这样看来，一定有一些东西是错的——理财顾问一直宣扬的东西并不奏效。

反观股市长期的"超级循环"，事实证明，看起来错误的东西往往特别正常。在道琼斯工业指数过去112年的历史中，股市在四次17到25年不等的时间段内没有产生任何有意义的增值，且遭遇了巨大波动。

我第一次遇见尼克（即尼古拉斯·阿特基森——编者注）和安德鲁（即安德鲁·霍顿——编者注）是在一个专题研讨会上。他们当时是会议的发言者，正在谈论在美国奥兰多举办的钱瞻世界投资博览会的新投资环境中的资产分配。我主持过几百场类似的专题研讨会，会上投资者提出的几乎所有建议，在面对股市的艰难时期都显得无济于事。所以，当听到股票基金经理尼克和安德鲁斩钉截铁地说"一定有一些时期是你不需要拥有股票的"时，我险些从椅子上掉下来——终于有人打开天窗说亮话了，终于有顾问不仅仅关注收费，还关注绝对收益。我禁不住想听听他们接下来要怎么说。

尼克和安德鲁在这本书中向你们展示的，正是这样一个截然不同的投资视角。他们看待投资领域不是从"我能赢多少"而是从"我可能输多少"的角度出发。你将从书中学到如何通过优先保护资产来获得盈利。追逐收益常常导致救济院情节的发生，而保护收益是沃伦·巴菲特的头条投资准则。

尼克和安德鲁解释了在投资中评估和衡量风险的重要性。相比起回报，风险才是真正重要的指标。风险如此重要首先源于基本的数学概念。正回报和负回报是不对称的。如果你的资产损失了50%，你必须保证股票增值100%才能保本。我们太多人投资生涯的主要时光，都是在尽力挽回以前的损失。

其次，短期和中期股价的一个重要的驱动力不是期待回报（公司收益），而是风险感知的变化。尽管收益时涨时跌，但是这和可感知风险中的基本短期走势几乎没有关系。在2008年，被认为是可感知股市风险的一大指标的芝加哥期权交易所（CBOE）波动指数，在仅仅数月内就从16左右上升至89.53，达到了将近500%的增长率。在

推荐序

2008年夏末,风险感知的飙升带来了自1939年"大萧条"之后最糟糕的股市崩盘。如果你在追求增值,那么不断增强的风险感知对市场来说不是件好事——风险感知的下降才会带来牛市。

这本书的主要目的有如下三点:1.告诉你什么是对积累财富真正重要的股市指标。2.提供衡量这些重要股市指标的工具。3.提供一套有序的体系,帮助你了解何时买入、何时卖出以及买入的对象。简言之,尼克和安德鲁将投资中的神话和感性的部分抽取出来,代之以一种经实践证明有效和有序的方法论,教你如何积累和保护财富。

这本书为你提供了一系列工具,帮助你在非趋势市场,或者说所有市场中主动管理资产。不同于富达麦哲伦基金著名的基金经理彼得·林奇所言"投资时关注你所了解的",这本书对于股票的侧重点在于投资的最佳时间点,而不是投资的对象。并非只有专家才能找到牛股。股市自会让你明白哪些是牛股。你所要做的是只是了解什么时候买入,更重要的,是知道什么时候卖出。

本杰明·格雷汉姆有关价值投资的著作《证券分析》出了第四版。要再次强调的是,价值投资需要投资者对公司做大量研究,而在当下信息经济以及高频计算机控制的交易和指数基金驱动的股市面前,公司并没有独特的优势。这本书的关注点不在具体的公司,而是将股票作为一个整体。一个优秀的公司很可能有一只糟糕的股票。比某一只股票的动作更重要的,是整个股市的动作。投资时谁都希望搭顺风车。相比起股市走低的环境,在股市总体走高的情况下拥有牛股的机会要大得多。

如果尼克和安德鲁所探讨的只是投资的理论,他们所传递的信息不会有什么影响力。真正值得一提的,是书中所有内容都是基于他们

3

创造出长期成绩的真实经验。读完这本书之后,你的投资方法一定会永远地改变。如果你正在寻找如何在股市低迷时期全身而退,正在寻找在股市上升时期及时参与的简单可行的指导,那么恭喜你,你已经找到了正确的书。

马克·吐温曾经说:"10月,股市中最危险的月份之一,其他几个月分别是7月、1月、9月、4月、11月、5月、3月、6月、12月、8月和2月。"你需要将投资方法从"买入并希望"转变为积极主动的计划,也就是在股市下跌时全身而退,并在股市上升时及时加入。这就是投资成功的秘诀。

查理斯·吉斯勒

前　言

著名经济学家约翰·肯尼斯·贾布尔雷斯曾说过："传统观点的作用是让人们免于陷入痛苦的思考。"谁会有时间停下来质疑那些依然有效的传统观点呢？只有在传统观点无法再对事实做出解释的时候，新的想法才能应运而生。

我（尼古拉斯·阿特基森）最小的女儿生于1998年。我和妻子两人称得上是勤劳负责的父母。我们在她一岁时就开始为她的大学教育储存积蓄，并在自此之后的岁月里没有中断过。当我们在1999年11月存够她大学基金的第一笔钱时，标准普尔500指数大概是1389点。大约13年后，标准普尔500指数才1330，下降了约4%。我小女儿的最初账户存款额从10000美元减少到9575美元。我明白自1900年以来股市包括分红在内的平均年收益是9.4%（由道琼斯工业指数评估得出），但这对我小女儿的账户存款没有任何帮助；我也明白股市的平均回报率比债券要高，而这同样无济于事。

事实证明，这样的凄惨岁月在股市历史中并不罕见。从1965年到1982年，股市一直在不断创造新高的波动中遭受损失，包括1973年和

1974年平均股票66%的骤跌。同样的情况还发生在1906年到1924年（共18年），以及从1928年到1953年（共25年）——在这些时期，股票几乎没有上涨过。

令人惊讶的是，尽管过去10年间投资效果惨淡，而且历史证明买入并持有一支多样化基金在任何股市周期都不是有效的投资策略，零售投资行业依然没能改变投资计划以适配当下市场环境和投资需求。

股权投资的选择几乎只有"买入持有型"的基金。如果你幸运地拥有一位私人投资顾问，一般情况下，你要出高价让这位顾问帮助你收手，同时你得承受股市向你投掷的任何苦果，而这无非是又一次的"买入并持有"。

"买入并持有"是一种传统的观点。在1982年到2000年的熊市中，这种观点是奏效的，因而没有招来质疑。在这18年的熊市周期中，"买入并持有"的观点比许多主动管理型经理人提出的观点更简单有效，并能带来更好的回报。在大熊市结束之后的10年间，投资者开始陷入一个痛苦的过程——重新思考应该如何投资。当我们回顾股市的历史长河时，显而易见的是，当股市开始走高时，大部分股市动作并没有显示持续升值。大多时候，传统的"买入并持有"的观点并不是有效的投资策略。

我们都希望生活得更好，投资应当与生活并驾齐驱。通过我们的年龄和儿女的年龄，我们可以相当肯定地预测什么时候需要教育、住房以及退休所需的资金。我们需要找到一种方式让财富为我们服务，这样我们的人生才能尽可能地完整。

我和安德鲁·霍顿在过去20年里一直在投资产品行业的前沿工作。我们的工作处于领域的核心——销售端投资银行，主要负责销售机构研究，分配首次公开募股（IPO），并帮助构建个人账户中的共同基金，我们不

前 言

仅了解整个研究过程是如何影响那些热门股权和集体股权,也熟悉与共同基金和对冲基金相关的人员和流程。

我们都是从蒙哥马利证券的机构式销售内勤开始步入股市,也就是说,我们一开始是将专利股票研究推销给共同基金和对冲基金。蒙哥马利证券是一家专注于投资发展性公司的小型投资银行,重点关注在技术、医疗以及消费类领域。微软(MSFT)于1986年上市,思科(CSCO)于1992年上市。在20世纪90年代末,随着网络泡沫的出现和纳斯达克指数达到5000点,融资性公司的实力才完全凸显。蒙哥马利证券在几乎每一个营业日都参与了首次公开募股或二次发行。

蒙哥马利证券归属于国民银行。在蒙哥马利证券之后,国民银行和美洲银行合并,自此之后称为美洲银行。我们亲历了这些变更,并观察到企业型的小投资银行与金融巨头之间在运作方面的不同。

接下来的10年,也就是从2000年到2010年,我们见证了销售端机构投资领域的暴风雨。随着科技的发展,交易保证金逐渐淡出历史舞台。交易场所中随处可见使用计算机交易的人群。这种方式让他们自主进行几百万份交易,而无需高频交易这样的程序。当然,有时计算机也会出纰漏,比如2010年5月6日的闪电崩盘。那一次,道琼斯工业指数在短短几分钟内就下跌了1000点。衍生品交易成为一股势不可挡的力量,最终将美国资本市场推至2007年至2009年的金融危机的边缘。几个大公司,如贝尔斯登、雷曼兄弟、美林证券公司、房利美、房地美以及美国国际集团,都遭遇滑铁卢,或是被更强大的对手掌控。

凭借基于信任之上的机构关系,我和安德鲁·霍顿安全度过了那段时期。无论身处怎样的境况,面对何种技术的挑战,我们都秉持着标准,本着实事求是和客户第一的原则赢得生意。我们在2003年进入了全球最大的期货交易公司——海纳国际集团。海纳国际集团具备期货的优势和专业的研究产品，在此基础上，我们帮助集团扩大研究力度和深度。我们观察到ETF是如何成功过地积累、管理和交易。我们发现了潜藏于期货交易中的重要资讯，并学会如何梳理重要的市场情报。此外，我们了解到海纳国际集团的交叉资产类信息传递，这帮助我们在面对行业巨大变动时采取正确的行动。

我们在海纳国际集团启动了一个黑盒子量化对冲基金，通过在机构期货交易中发现的信息进行股票交易。我们了解到，对于合适的机构客户，可以绕开杠杆规则，并将交易动作的比率调到10∶1。这种看起来冒险的做法被大加鼓励，因为能为银行带来更多的手续费收入。我们拒绝了过度杠杆化带来的好处，同时也获得了大量的第一手证券交易的资料，只需按动按钮即可进行计算机操作的自动化交易。股市中确实会有所谓的"胖手指"问题（指交易员在交易时按错键，输入错误交易指令，导致损失——编者注），但计算机化的交易依然势不可挡。我们抢先一步看到了这些。

在一些顶级的大型机构投资公司的工作经历，让我们明白，普通投资者的基本投资需求并不是如何正确地解决问题。我们都明白，金融世界是由重要的机构公司运营的，这些公司的目的就是在相对少的时间内达到利益最大化。有时短期的利益最大化会带来长期的波动。我们从近来由纳税人支持的紧急救援中看到，大型金融机构和个人投资者的目标并不一样。

我们深知书中所传递的信息并不是答案。浩瀚如海的投资产品无法应对你的投资目标和投资时间轴。当问到该如何打理资产时，很少有让人满意的回答。大多人都不知道如何使用对冲基金和私募基金，他们无法像哈佛大学、斯坦福大学和耶鲁大学的捐赠者一样投资——那些捐赠者30%到40%的资产都是用于另类投资。

前言

在这本书中，我们向你展示的是如何从被动投资走向主动投资，如同一些成功机构的投资做法。我们要传递的是，如何使用屡试不爽的灵活策略进行投资。

如果你希望在未来的岁月中不断积累和保护财富，这本中提及的投资教训对你同样重要。如果不遵照书中所描述的有序的投资流程，你会受控于股市，你的投资工具也将非常原始。

盈利的第一大准则是学会避免损失。这是一本有关如何盈利的书，但我们会首先告诉你如何避免赔钱。这本书并不想带你进入一场有关经济理论的学术性讨论，这是一本基于实践的使用指南，引领你避开股市低迷期，在股市上升期时及时加入，最终积累财富。

目 录

第一篇 连胜与投资 ... 1

第 1 章 索尼的故事 ... 3

第 2 章 连胜的本质 ... 12

第 3 章 我们为什么要投资 ... 19

第 4 章 M 的故事 ... 21

第 5 章 构建模块 ... 26

第 6 章 现代金融理论的故事 ... 46

第 7 章 迈克的故事 ... 81

第 8 章 风格 ... 92

第 9 章 你脑中的股票 ... 98

第 10 章 投资银行交易大厅的观察所得 ... 104

第 11 章 风险 ... 117

第 12 章 共同基金的历史和杰弗里·维尼克的故事 ... 130

第 13 章　范式转换 ………………………………………… 136

第 14 章　尼尔·帕布林斯齐和好港湾公司的故事 ……… 145

第 15 章　什么是战术性投资 ……………………………… 156

第 16 章　维奈·穆尼克提的故事 ………………………… 163

第二篇　使用战术性交易规则从股市投资趋势中盈利 …… 167

第 17 章　抓住上升势头并避开下跌期之五部曲 ………… 169

第 18 章　准备充分才能大有不同 ………………………… 189

第 19 章　洞悉源头：归属分析 …………………………… 194

第 20 章　费用总览 ………………………………………… 201

第 21 章　写在最后 ………………………………………… 207

第一篇

连胜与投资

第 1 章　索尼的故事

有些故事是这么开头的：我认识 A，A 认识 B，而 B 认识 C。在这个故事里，我们真的认识 C。我们不光认识他，甚至有很多年他就坐在我们旁边工作。这个人的名字是索尼。

我们以索尼的故事开头，因为他是我们所能想到的最战无不胜的人。完全不同于比尔·盖茨创办微软或马克·扎克伯格创建脸书的财富积累之路，索尼的成功是一系列不可思议的完美连胜——即使是在所有人都觉得只可能失败的投资环境下，索尼依然战无不胜。

索尼生于美国加利福尼亚州。他住在金门公园边上。就是在这个公园里，索尼学会了如何识别连胜的机会，并充分利用这些机会。

在索尼十几岁的时候，他大多数时间都是在公园度过的。公园里的 22 个网球场吸引了许多世界级的网球运动员。这里汇聚着从世界各地来的年轻人。索尼在这些网球场抛洒了许多时光，一步步成为世界级的网球高手。

　　索尼属于自学成才的运动员，他通过观察其他人打球来提高自己的球技，并使之臻于完美。索尼的特长是街头篮球，玩得游刃有余。他会玩心理战，在面对挑战时从不输气势，同时他有出众的体能，完全符合打好网球的条件。

　　网球场上还能看到许多老人在下西洋双陆棋。这个公园不仅吸引了许多世界级的网球运动员，也吸引了众多西洋双陆棋高手。13岁的索尼无法抗拒这两种运动的魅力，他在网球和西洋双陆棋之间自如切换。他会和年长的人下好几个小时的西洋双陆棋。在任何时候都有六局棋在同时进行。棋手们根据实力配对，并基于他们的战绩在棋盘上摆好位置。赌博永远是游戏的一部分，这使得索尼愈发集中精力。

　　同索尼的网球技术相比，他下西洋双陆棋的技术更胜一筹。和其他优秀的棋手一样，索尼很清楚每一次掷骰子之后应该怎么做，这固然是周末和暑期每天6小时潜心研究的结果。机会总是青睐于索尼，因为他比其他人更了解潜在的可能性和游戏的微妙之处。十来岁的索尼就已经是个善于从周边事物中学习的小孩，他对机会和风险管理有一份与生俱来的灵性。索尼具备惊人的数学天分，对周边事物的敏锐感知，并在面对挑战时表现出毫不气馁的精神——所有这些优势足以让他登上华尔街和拉斯维加斯等更大的舞台。

　　索尼在投资之前玩过赌博，他尝试过各种体育运动的赌博，之后更是从体育运动领域拓展到更为专业化的西洋双陆棋。在去过几次里诺和塔霍湖之后，索尼不再赌西洋双陆棋。在里诺和塔霍湖的旅行中，索尼认识的每一个人都在赌博。他开始玩21点时，平均每手牌500到1000美元的投注额，这对大多人而言可是个不小的数目。

第一篇
连胜与投资

索尼第一次去拉斯维加斯玩21点时,连续赢了20手牌。他的平均投注额是1000美元,最终赢得20000美元。在这时,他停了下来。索尼已经看到赌场当下的机会不利于自己。他清楚地意识到,能做的自我保护就是停止赌博。索尼没有让胜利冲昏头脑,相反,他保持冷静,坚定地遵从着概率数学的原则。大多第一次去拉斯维加斯的人,都会因感觉过于良好而掉以轻心,并输光之前的所有赢利。索尼则适时止步。他在玩西洋双陆棋时就经常在关键时刻做出正确的判断,这些经验让他在拉斯维加斯首秀中的连胜显得再正常不过。

索尼于20世纪80年代末期来到华尔街,刚好碰上迈克尔·米尔肯遭遇滑铁卢以及垃圾债券市场崩盘,包括市政债券在内的政府机构支撑的债券都被廉价变卖。索尼当时所在的公司在债券上有相当大的投入,这些债券被卖给散户。这些债券给索尼带来了巨大的利润,但他的客户群在看到几乎所有买入的债券最终以1美元的低廉价格卖出时,顿时变得如同一群土匪。

两年之后,索尼进入了世界上发展最迅速的投资银行之一。在这段金融市场最繁盛的时期,他负责将成长股销售给投资者。因为在交易执行和分配中很好地保护了客户的利益,索尼深受客户欢迎。在年薪40000美元的基础上,索尼的收入很快增长到7位数,可谓势如破竹。

在股市正盛的时期,索尼仍然抽出时间定期去拉斯维加斯。他平均每手牌的下注额从1000美元左右涨到50000美元左右。他所使用的筹码也从黄色筹码(1000美元)换为棕色筹码(5000美元)、橘色筹码(25000美元),一直到白色筹码(100000美元)。从一次一手牌,到两手牌、三手牌,索尼一个小时平均可以打400手牌。这个数字是大部分拉斯维加斯赌博者的7倍。以每手牌50000美元的下注额和每小时400手牌的速度计算,索尼每小时大概能收入2000万美元。

如果算上分牌和双倍下注，索尼一手牌甚至能赢30万美元。有了多年精心计算牌局的经验累积，索尼在面对大赌注时毫不退缩，坚守原则。无论赌注多大，他都能稳定住情绪，不受外界干扰。

赌场花了20万美元赢得索尼的垂青，每次专门派出私人飞机（包括昂贵的波音727客机）把索尼和他的一大群朋友接到赌场。索尼入住的酒店房间面积通常有1万平方英尺，配有私人游泳池和高尔夫球场，比普通美国人的独户式住宅大5倍多。索尼在池边小屋待上几小时就要消耗掉赌场15000美元。

有一天晚上，我们去拉斯维加斯赌场找索尼。那家赌场后来就是因为他而关掉"大鲸"（赌场中对百万级别玩家的行话）。我们问索尼赌场有没有无法满足他要求的时候，索尼仔细想了想，回答说"没有"。从飞往巴黎的私人飞机，专门配备的3个私人助理，到各种名贵礼品等，所有这些无一不证明索尼对赌场的价值。

2001年，第三十五届超级碗（Super Bowl）在佛罗里达州坦帕市举行。一个赌场打电话给索尼，说要派名人堂橄榄球四分卫明星约翰·埃尔维和吉姆·凯利开豪华驾车去接他，并陪他一起坐私人飞机去球场。索尼的票和球员家属的票在同一区，他从酒店出发到球场的途中都会有警察护送。索尼告诉赌场相关人员，可以派私人飞机来，但他不需要橄榄球四分卫明星的陪同，他只需要自己的8个朋友，并且在新奥尔兰停留。

在新奥尔兰，索尼本身就是一场精彩的秀。赌场没有应付过50000美元一手牌的场面，只有100美元的黄色筹码。庄家紧张到全身发抖，不停地出汗。索尼一如往常地快速出牌，庄家则要努力地做数学题，算清楚大量的筹码。索尼一手牌就赢了庄家60000美元，并最终赢了260000美元。

紧接着他又抛硬币赌超级碗的最后赢家。毫无悬念,索尼又赢了,当年的乌鸦队夺得了"超级碗"。

赌场为索尼准备的礼品和特权看起来很昂贵,但其实都是精心计算的赌注。赌场有一套理论专门用于对付大赌客。赌场会通过获胜率公式来计算不同时间点的获胜率,这套理论的核心是将玩家的时间乘以金额和获胜率,算出赌场的预期利润。赌场会跟踪记录索尼的每一手牌,并且能精确地计算出索尼出过的牌和他在赌局中操作的全过程。仅凭这一系列数字,索尼就是一名大赌客。

赌场在潜在优势之外,仍然试图通过情感牌赢得更多。那些有专机接送,住豪华酒店,并被待之如贵族的玩家,通常会迷恋上这种生活方式,他们沉醉于被特殊关照的满足感而无法收手。随着时日渐增,形势会慢慢对他们不利。他们不再坚守原则,而只是沉迷于高品质的生活。他们在心理上会产生微妙的变化,觉得自己在某种程度上欠了赌场的债。输钱不再是一种损失,而只是在间接地为高品质生活买单。这种心理反应使得玩家在输钱时无法脱身,非得玩到赢钱不可。此外,赌场还延长了赌局的时间,同时也增加了这套理论生效的可能性。

索尼从来不会被冲昏头脑。在去拉斯维加斯之前,他会花上最多两天的时间确认游戏的安排是否和自己的规则一致。如果不一致,他就不会参与其中。大玩家会协商一个损失折扣。索尼设定的折扣是最低25%,也就是说,如果索尼输了100000美元,基于折扣,真正的损失是75000美元。索尼习惯于用现金赌博。本质上,现金赌博相当于信用额度的提取。现金赌博和记账赌博的区别在于,现金赌博不会降低速度。一旦索尼开始连胜,赌场最希望做的事情就是降低速度甚至是中止游戏,但如果是现金赌博,这是不可能的。

现金赌博的另一大特点是使得信贷下降可视化。庄家的身后会站着两位赌场监赌人，这两人要确定牌桌上的形势是否正常。对于索尼而言，这更加坚定了他的原则，在牌局结束之前绝不会把牌桌上的钱当成自己的囊中物。在任何时候，索尼都会在牌局开始之前就会设定好输钱的底线。一旦输的钱到达了底线，索尼会毫不犹豫地停手。

在设定折扣和现金赌博之外，索尼常常要求赌场为他提供两张专门的牌桌。到了他这个级别，必然是独占一张牌桌，且其他玩家不能进入他的房间。这有点像古老的欧洲决斗，街道上没有其他人，只有两个枪手站在20步开外的距离。索尼和赌场就是一对一的局面。这种情况下，我们旁观者都已经紧张地手心出汗，看到现金和筹码如此快速地运转，简直是一场脑力冲击。索尼在保持原则和理性方面拥有高于常人的能力。

漫长的准备丝毫不会影响索尼赌牌的原则以及在他走上风时适时退出的能力。有一次在现场，我们看到他在8分钟之内就赢走了平均美国一家人一年收入的8倍。赌场花钱将索尼和他的伙伴请到赌场，准备好单独的房间以满足他的要求，支付随从人员的费用，并且负责周末的所有开销。索尼一行人春风得意地来到拉斯维加斯，从头到尾仅仅用了8分钟的时间，所有观众无一不感到失望，但这些都无法影响索尼的原则。他达到目标后及时收手。搞定。8分钟。钱已经到银行了。

赌场后来试图让索尼支付旅途的一部分开支，包括池边小屋15000美元的费用。索尼直截了当地拒绝了。索尼和赌场都很清楚那套理论，也明白索尼最安全的举动就是停止赌博。索尼从来都没有忽视游戏背后的规则。

索尼20年来在赌场赢了上百万美元，他是世界上最成功的玩家之一。只有两个赌场在索尼赌牌时有利润可言，在这种情况下，只有一个原因能解释为什么赌场仍然会邀请索尼：这些上市公司的管理层变动频繁，而每一个新任管理层都犯了同一个错误，他们认为这一次索尼将悉数奉还其从赌场赢去的钱。

索尼的秘诀是连胜和遵从规则。他玩21点速度很快，因为在21点中连胜发生的频率比纸牌和掷骰子的频率要高得多。在进入下一个连胜之前，索尼绝不会等待太长时间。

在连胜到来之前，索尼会耐心等待。当连胜到来之时，他会快速加大投资。一旦连胜结束，他会迅速收手。如果连胜速度够快，他甚至在6分钟之内就可以结束游戏。游戏时间不那么重要。一旦胜利开始累积，他会希望赌场现金支付。按赌场的规矩，一旦支付了现金，索尼就不能再将支票兑成现金。如果钱已兑成筹码，他通常会把筹码放到远一点的保险箱。索尼这么做只是要避免重大损失。

索尼并不是分毫必争的，除非已经看到一些势头，否则无法判断连胜是否开始。同样，出现损失后才能断定连胜已经结束。股市中也是如此。索尼并没有在趋势的最高点或最低点出手，相反，他只尽力抓住大多数股市上升的机会点，并避免大多数股市下降的时期。作为一名赌场的"大鲸"玩家，索尼可以在发现下降势头的时候随时让庄家重新洗牌，也可以在局面呈上升势头时加快游戏速度，并增加牌的数量。

有过一次连赢20手牌的历史，索尼很清楚连胜对财富积累有多强大的作用。一手牌50000美元的基础，足以让索尼开始一系列精彩的连胜，他知道赌注越大，连胜的效果就越强。

索尼的成功绝不只是运气那么简单，他花了几年的时间钻研如何在概率赌博的环境下稳定增加赌注，培养对连胜的敏锐的观察力，并充分利用连胜机会。无论有怎样情绪上的冲动，索尼从未背离原则。有几次索尼没有遵从原则而付出了昂贵的代价，这些插曲使得他更加坚定自己的规则。索尼只参与了如指掌的游戏，并且游戏规则要得到他的认可。他绝不会参与那些既不了解又存在未知风险的游戏。索尼尤其关注无法退钱的情况，以避免重大损失。他有各种控制风险的措施，包括随时退出以维持有利状态。在下大注之前，他会耐心等待连胜的发生。一些小的失利并不会影响最终赢得大赌注。赌场的成功无关乎频率，只在乎大小。

尽管通常认为赌场会非常欢迎"大鲸"玩家，许多大赌场还是会避开这一块市场，因为利润实在太过微薄。通过引入下小赌注的普通玩家，赌场可以赢得20%的利润。他们要想从索尼身上赢钱，得等上22年。索尼认为随着时日渐增，他只会更加了解规则并更加高效。

我们之所以在这本书中以索尼的故事开头，是因为他的经历和原则性正是他好运气的来源。索尼玩21点的方法完全符合成功的股市投资。了解你所加入的游戏，按你自己的方式出牌。在开始游戏之前设定好计划，并坚持下去，耐心等待合适的时机。要赢大钱就不用担心一些小的失利。在趋势到来时，识别机会，并打理投资，使得整体资产有大幅提升。当机会不再时，停止投资。当市场不处于盈利时期时，毫不犹豫地收手。制订持续盈利的计划。在投资过程中保持冷静。

《不败而胜》一书的核心内容无外乎以下两点：积累财富和保护资产。

要点内容

我们并不主张将赌博作为一种投资方式，但是索尼的方法确实使他在比美国股市艰难得多的环境中依然胜出。你会发现几乎所有索尼使用过的方法都在本书后面提及的故事中再次出现。这本书越往后，故事会越聚焦于股市，越关注投资者在面对连胜时的所思所想。

索尼的故事中反复出现的要点如下：

* 提前建立交易规则。加入游戏前要制订好计划。
* 计划应当基于真实经验，并能在大多情况下带来良好的结果。
* 坚守规则。保持冷静。索尼在高风险的赌场中能有镇定的表现，证明了他不受外界干扰的能力。
* 最好的保护措施就是退出游戏。当目前形势对你不利时，及时收手。没有必要每一手牌都玩。
* 任何计划都有可能被中断。不要忘记"黑天鹅"事件总是有可能发生。随时准备好退出，避免损失发展到不可控制。
* 当形势良好时，果断出击。在索尼的故事中，走上风时，他就会拿牌，双倍下注，并增加牌的数量。
* 不要关注在股市的最高点或最低点出手。在股市中，赢家不一定是在最低点买入，并在最高点卖出的人。你要关注的是如何抓住大部分牛市带来的连胜机会，并避免大部分熊市带来的危机。你需要花一点时间了解连胜机会的开始点和结束点。尽管看似违背常理，但如果你能等待连胜真正开始而不是鲁莽地冲在第一个，你的风险就会大大降低。贸然行动只会徒增"假动作"带来的风险，并最终惨遭洗盘出场。
* 脚踏实地。如果你运气够好，已经获得许多投资收益，仍然不要忘记原则。既然游戏没有改变，那么你也一样。

第 2 章 连胜的本质

从科学的角度而言，连胜通常被解释为偶然现象。根据大量研究分析，统计学家认为，包括一连串扣篮得分和棒球击打在内的连胜，大多时候对我们的行为没有任何益处。对于许多把世界看作一个概率性模型的分析学家而言，如果你经历了一系列幸运事件，这纯属偶然。那些试图将连胜解释为非偶然事件的人，只是在证明我们缺乏叙事能力的大脑如何努力地从事实中抽离出模式。借用硬科学中的数学，软科学坚定地认为世界不过是一个偶然的舞台。

这为我们带来了巨大的机会，如同打开了一扇许多投资者已然放弃的大门：如何在低风险的基础上持续超过平均市场收益。大多零售资金都是以买入并持有的方式管理的，这种方式认为结果是注定的。因此，我们有足够的空间选择另一条路。

连胜是一连串相似的结果，尤其是在投资领域，如果连胜是可控的、可预测的事件，对投资会有很大的帮助。

在许多情况下，一旦数据被认为是偶然的，就会忽视一些基本的问题。比如，巨浪容易出现在日落时分，你可以说海浪的出现是偶然的，但你也可以说微风阵阵袭来时，是风能决定波浪的大小，其他的因素还可以是风区（足以使风转化为波能的水的距离）和海底地形学。如果你仔细研究波浪形态，很快就会发现，看起来纯属偶然的形态，往往可以通过精细的测量预估出来。

冲浪者明白波浪易变的特点，他们通常会躺在冲浪板上，等待一轮好浪的到来。如果巨浪蜂拥而来，他们又会忙着找到最好的一束波浪。冲浪者基于他们对波浪的理解选择出最好的时机，如果大海不会产生好的波浪，他们就会选择养精蓄锐。今天，冲浪者们可以通过科技手段（浮标数据）来提前了解什么时候是冲浪的最好时机，这和我们使用指标来了解市场形态是一个道理。

学术研究会告诉你未来的股票价格属于随机事件，因此，许多金融顾问和投资者引诱人们相信股市在任何时候都一样吸引人。这种随机理论的初步结论是：在股市要保持投资状态。拿冲浪者的例子来说，这就好比让冲浪者总是待在水中，因为不这么做，他们就会错过最佳浪潮，随时待在水中的问题在于，大多时间都是没有波浪的，而冲浪者还很可能成为鲨鱼的大餐。

我们坚定地认为不是所有的连胜都是偶然事件，尤其在投资领域。投资股票（期权）一定有最佳时机。从2008年6月开始，我们为一份期权投资周刊写简讯。接下来的3个月中，我们连连取胜。市场波幅（期权金）剧烈变化。我们知道当下正是赢钱的大好时机，所以快速给出了一些新的交易建议。图2-1展示了当时我们为客户推荐的前33份交易。

列表中包括了每一份交易的建议，我们没有特意挑选。很明显，股票（股票衍生物）投资必然存在最佳时机。我们相信要将形势扭转到对自己有利的局面，就应该在股市繁荣时期投资，并在股市的困难时期选择退出。因为经历连胜和连败的可能性是可以预计的，所以你可以制订自己的盈利计划，在连胜几率小的时候暂不投资。

生活是有节奏的。不仅是个人，对于公司和股票而言，也是有上升期和下降期的。微软（MSFT）从IBM赢来的几个重要合同使其在个人计算

期权	开户日期	进入价位	收盘日期	收盘价位	回报率	头寸
CAVM 9 月 20 看跌	2008.6.4	$1.00	2008.7.22	$4.10	310.00%	长
CAVM 9 月 20 看跌	2008.6.4	$1.00	2008.7.9	$4.20	320.00%	长
CAVM 9 月 20 看跌	2008.6.4	$1.00	2008.7.8	$2.70	170.00%	长
UTSI 7 月 5 看涨	2008.6.5	$0.60	2008.7.9	$0.60	0.00%	长
UTSI 7 月 5 看涨	2008.6.5	$0.60	2008.6.18	$0.90	50.00%	长
BAC 6 月 32.50 看涨	2008.6.11	$0.15	2008.6.12	$0.19	26.67%	长
ORB 9 月 25 看涨	2008.6.12	$1.40	2008.8.20	$1.55	10.71%	长
ORB 9 月 25 看涨	2008.6.12	$1.40	2008.8.15	$2.80	100.00%	长
PMC 12 月 20 看涨	2008.6.13	$3.00	2008.9.4	$4.60	53.33%	长
WYNN 9 月 25 看跌	2008.6.19	$10.00	2008.9.10	$14.10	41.00%	长
WYNN 9 月 95 看跌	2008.6.19	$10.00	2008.7.10	$21.50	115.00%	长
LLL 8 月看涨	2008.6.23	$2.20	2008.8.13	$5.00	127.27%	长
K 1 月 40 看跌	2008.6.23	$0.70	2008.7.15	$0.65	-7.14%	长
AER 10 月 15 看涨	2008.7.8	$1.05	2008.8.20	$1.20	14.29%	长
AER 10 月 15 看涨	2008.7.8	$1.05	2008.8.5	$2.35	123.81%	长
AER 10 月 15 看涨	2008.7.8	$1.05	2008.8.1	$2.15	104.76%	长
FRED 11 月 15 看涨	2008.7.25	$0.75	2008.9.3	$0.75	0.00%	长
FRED 11 月 15 看涨	2008.7.25	$0.75	2008.8.11	$1.45	93.33%	长
FDX 10 月 75 看跌	2008.7.31	$3.70	2008.10.8	$5.70	54.05%	长
DPS 2 月 25 看涨	2008.8.19	$2.30	2008.10.1	$3.50	52.17%	长
WERN 3 月 22.50 看跌	2008.8.20	$2.80	2008.10.3	$4.25	51.79%	长
BBT 10 月 25 看跌	2008.8.21	$1.95	2008.10.17	$0.05	-97.44%	长
CREE 9 月 25 看涨	2008.8.22	$0.45	2008.8.25	$0.70	55.56%	长
TRLG 10 月 25 看跌	2008.8.27	$2.10	2008.10.6	$3.30	57.17%	长
CLNE 10 月 17.50 看涨	2008.8.29	$1.30	2008.9.4	$2.40	84.62%	长
SNDA 10 月 35 看涨	2008.9.10	$0.35	2008.10.7	$0.10	-71.43%	长
SNDA 10 月 35 看涨	2008.9.10	$0.35	2008.9.24	$0.65	85.71%	长
AF 10 月 20 看跌	2008.9.10	$0.95	2008.9.18	$2.10	121.05%	长
OKS 4 月 55 看涨	2008.9.17	$2.95	2008.9.19	$4.20	42.37%	长
TIF 1 月 40 看涨	2008.9.24	$3.00	2008.9.25	$3.10	3.33%	长
SPG 1 月 105 看涨	2008.10.1	$4.70	2008.11.14	$0.10	97.87%	短
DOW 11 月 22.50 看跌	2008.10.23	$1.10	2008.11.4	$0.25	77.27%	短
ASML 12 月 15 看跌	2008.11.10	$1.15	2008.11.13	$1.80	56.52%	长

图 2-1 Big Money Options 周刊：排名前 33 位的交易详情

机领域获得了几乎是垄断性的位置。其他公司实际上已经把微软的操作系统视为业界标准。谷歌（GOOG）从一大群因特网搜索引擎中脱颖而出，谷歌浏览器成为几个客户端技术平台的首选浏览器。一个好的合同能让成功接踵而至。

当然，也有一些表现不好的公司遭遇业务萎缩，下滑之快如同推翻了多米诺骨牌。诺基亚（NOK）曾经是世界上最大的移动手机制造商，但随着苹果（AAPL）的出现，用户倾向于在包里携带一台小型电脑，而不再是基本款的手机。诺基亚的市场份额在几年内遭遇了大滑坡。2012年10月，诺基亚为整顿事业，宣布变卖"非核心资产"，包括总部大楼等房地产，关键员工大多会离开摇摇欲坠的公司，而忧心忡忡的客户会转而选择其他供应商。负面反馈不断加剧，公司面临生存危机。

概率是有条件的。生活中不起眼的优势可能转变为难以想象的巨大的回报。优势和劣势会相应带来胜者和败者。

动量是质量和速度的产物。当恐惧带来情绪上的波动时，下降的趋势会加快速度。上升的市场会吸引更多的买家。让我们回想20世纪90年代末网络泡沫中新股民争相购买股票的情景：几乎每个人都会认识一个辞去朝九晚五的工作转而从事股票交易的朋友，各种股票建议俯拾皆是。

比起这段股票投资的疯狂浪潮，2009年3月股民们在现实面前幡然醒悟，投资热情不再。不到一年半的时间里，标准普尔500指数从1576.09点滑落到666.79点。在这个波谷随后的几年里，个人投资者以前所未有的速度离开股票市场。

从根本上说，股市交易的方向因人性中的恐惧和贪婪而显得多变。恐惧是一种可以被快速激发出来的情感。当恐惧袭来时，大脑会一片空白。恐惧深植于大脑的内颞叶，由脑扁桃体控制。恐惧是人类生存的一部分。

当我们恐惧时，就会跑开。如果我们跑得够快，就能存活下来。如果我们存活下来了，就会孕育出新的生命。有了孩子，人类又进入一轮新的奔跑。

恐惧是普遍的情感。当你对投资感到极大的恐惧时，其他人也都一样。如果你正因股票投资而失眠，请相信成千上万的投资者正和你经历着一样的事情。我们被告知股市是高效运转的、有前瞻性的、合情合理的。如果股票价值减半，这一定说明不久的未来将会有消极的结果。恐惧生根发芽，卖家数量大大超过买家，直到卖家几乎没什么可卖。猜猜怎么着？就在恐惧的制高点，当大家双手合十祈祷时，形势已经开始逆转。慢慢地，买方数量高于卖方，并开始进入治愈流程。在股市低谷时投资者做出的消极预测，几乎没有在真实生活中上演过。我们总是让恐惧占了上风，无视潜在的积极结果，并放大了消极面。

1987年10月19日，道琼斯工业指数在仅仅一天之内跌幅达22.61%。股市崩盘后，《纽约时报》专门开设了一个对比图表专栏，展示自1929年以来的股市形态，并预测不同年代的市场萧条期。1987年12月，来自各国的33位杰出的经济学家对这一年困难重重的交易模式做出反应，他们预测未来几年将会是自20世纪30年代以来最艰难的时期。在这些知识渊博的经济学家做出预测之后不到两年的时间里，道琼斯工业指数全面恢复。回忆起自1982年到1999年的这段时期，我们认为这是美国股市投资者的最佳时期之一。

贪婪对证券价格也有强大而可预见的影响。当股票开始显示出良好态势时，通常会激发出投资者的贪念。近来的股市历史中，苹果（AAPL）直到2012年12月 iPhone 5 上市之后才成为抢手的牛股。投资者之所以买苹果公司的股票，部分原因是他们的贪欲已经淹没了对平稳增值的怀疑。因为股市是合情合理的、高效运行的、有前瞻性的，所以一只股票一旦升值就说明背后必然有强大的基础动力。正如在许多次投资中都曾发生的一样，苹果成为炙手可热的牛股，并最终使购买压力不断减少。当苹果股票在2013年上半年开始回购时，恐惧蔓延开来，股价在5个月之内下跌了45%。

对我们大多数人而言，恐惧是比贪婪要更为强大的情感。恐惧说明你要生存，而贪婪会导致生命中诸多事情的累积，这些事情不一定会让你更开心。恐惧是原始的，而贪婪是经过大脑分析的。在我们的情感中，贪婪和恐惧带来的影响是，股市上涨时总是如羽毛般轻盈舒展（牛市通常需要几年的时间慢慢展开），而股市下跌时则往往如同一场突如其来的暴风雨：1987年10月19日，道琼斯工业指数在一天之内下降了22.61%；2010年5月6日，出现闪电崩盘，道琼斯工业指数当天下降了1000点（9%）；纳斯达克指数在2000至2001年的网络泡沫中下降了大约80%；标准普尔500指数在2008至2009年的金融危机中下降了超过55%。

恐惧孕育出新的恐惧，贪婪繁衍出新的贪婪。恐惧是比贪婪更为强大的一种情感，恐惧和贪婪彼此作用，形成并强化市场趋势。

连胜通常被归结为好的运气。但我们知道，运气也是可以由自己把握的。2002年，奥克兰运动家联盟棒球队连续赢了20场球，实现了自二战以来美国职棒大联盟最长的连胜纪录。远观时，你也许会认为连胜是随机的，不过是因为有好的运气。仔细观察后，你会发现奥克兰运动家棒球队把握了自己的命运。球队摒弃了传统棒球理念中查看职业球员调查报告的方式，球队对整体球员的情况进行了系统化的量化分析，通过计算机的帮助整合出最佳阵容。球队总经理比利·比恩颠覆了几十年来为棒球专家所宣扬的根深蒂固的思想，采用理性的量化的方法定位到最好的球员。

达雷尔·格林从1983年到2002年一直效力于华盛顿红皮队，大家爱把这位橄榄球后卫称为球场上最幸运的球员,他似乎总能在合适的时间出现在合适的位置,进行拦截断球,但达雷尔的运气都是他自己创造出来的,正是他的不懈努力、前期准备、积极的态度和惊人的速度(他在1982年的100米短跑中的成绩是10.08秒,而1980年奥林匹克运动会上100米短跑冠军的成绩是10.25秒)带来了这份幸运。

从投资角度而言,达雷尔进入橄榄球名人堂的连胜事迹可谓是准备充分和遵守原则的结果。同理,读完这本书就是你的准备,而坚持计划就是你所需要坚持的原则。

1. 找准自己的位置非常重要。试想在橄榄球运动中,如果你不是场上的球员,你就没有得分的机会。只要你在球场上,如果你临近对方球门且身边没有防守球员,当球向你传来时,你就有机会破门得分。你在人生中的位置影响着你的机会——华盛顿红皮队的达雷尔·格林就是一位创造机会的高手。

2. 一旦你站在合适的位置上,就应该准备好识别机会,并对连胜或者连败的情形做出正确的反应。你应该提前考虑结果,并制订好计划,充分利用连胜机会。

随机的本质从数学角度让我们看到连胜是完全有可能发生的。理性分析的重要性在于,它可以让连胜以一种可预见的方式继续下去。仅仅认同这个世界的随机性或确定性,都无法让你踏上股市盈利之旅。很明显,在这个世界里,随机性与确定性同在。

第3章　我们为什么要投资

我们投资的原因有如下几点：

1. 我们可能会活很久。
2. 我们不可能毕生都在工作。
3. 我们的收入和支出不可能总是刚好持平。
4. 社会保障、公积金计划和其他退休基金越来越不可靠。
5. 投资能让我们获得强大的财富积累。

现代人都或多或少需要理财。根据美国卫生人力部门的统计数字，生于1900年的美国人平均寿命为49.2岁。这让是否有储蓄显得不那么重要，因为大多人的寿命都没有达到退休年龄。

现如今，美国人的平均寿命是80多岁，这极大地增加了医保的成本，使得基于陈旧假设的社会保障体系面临巨大的压力。在1935年美国国会通过社会保障法案时，美国人的平均寿命是62岁。社会保障法的福利只覆盖到短短几年。没有人考虑到如果人们活到比平均寿命长20年的后果，也没有人考虑到这种情况给社会保障法的福利带来的压力，以及如何应对年轻人和老年人的比率失衡。需要帮助的老年人的数量会超过提供帮助的年轻人的数量。

根据美国富达投资集团的预测，到 2012 年年满 65 岁退休的夫妻需要为医保准备好 24 万美元，且假定男性可以再活至少 17 年，而女性可以再活 20 年。年复一年，预测的费用已经上升了 6%。据美国员工福利研究机构的数据显示，医疗保险承担了平均 51% 的医保费用。

终身就业已成历史。今天的就业市场比以往任何时候都更动态化。如果雇主能在印度或中国找到更廉价的劳动力，你的工作就将被取代。如果失学少年比你更了解新技术，就算你有更多的业务经历，也依然会被取代。你不仅需要在就业这条路上越跑越快，还得比以往更频繁地跳槽。

如果你在国家或省市政府机构工作，这样的机构会为你承诺极富吸引力的退休金，但依然不要放松警惕。各大州、市都处在极大的财政压力中。纳税人不愿意担负高昂的税费，尤其是在失业率高且可支配收入毫无增长的时节。面对这样的情形，政府开始采取手段，收回最初的承诺。现在已经有一些退休金的调整措施。近来在加州圣何塞和圣地亚哥进行的选举也要求减少公务员的退休金。威斯康辛州无法召回曾经的州长斯科特·沃特，他取消了公会成员的劳资谈判权。这说明投票者也许不能继续支付养老金。雷曼兄弟 2008 年破产后，汽车商和零件商的私人养老金不再生效。这预示着接下来美国公有部门可能有新的举动。最后，无论是我们给体系投了钱，还是体系曾经给过什么承诺，我们所有人要做的就是好好照顾自己。一份员工福利研究机构的调查显示，在 1991 年有 11% 的员工期望在 65 岁之后退休，2012 年，这个数字升到了 37%。

现代金融理论关注如何创建投资策略，使你的赢利最大化。本书的目的就是要扩大你的储蓄，让你的一生衣食无忧。

第4章　M的故事

我们认识另一个人，暂且称他为M先生，他是我们所见过最丰富多彩的人。他喜欢讲述自己的故事，我们听他的故事已经有好些年了，他的人生故事简直不可思议。我们很荣幸能认识他，成为他的朋友，并成为这些故事中的一部分。

他爱说自己生活在最好的时代。回望过去，此话确实不假。他的职业生涯开始于1950年，那时加州房地产繁荣期创造的价值带来了加州最大的淘金热，1849年的淘金热与此相比如同小巫见大巫。1950年大概有几千万人住在美国。这个数字在未来50年里翻了四番。1950年时，加州平均房价是9564美元。到了2000年，加州平均房价已经达到211000美元，上升了2106%。

M先生的与众不同之处在于，他迅速认识到强大而长期的房地产价格趋势，并充分利用了这个趋势。他从1950年开始投资，初始资金只有500美元。从金融角度而言，他完全不足以在房地产领域赢大钱。从心理上而言，他的状态可谓完美，因为他思想开放并渴望抓住一切机会。

M先生的状态好到不能再好。他觉得遇见自己的妻子并存活下来，都是非常幸运的事情。在第二次世界大战时，他应募加入了海军，被训练成一个登陆艇的队长。他的连队被指定参加美国在中太平洋地区的第一次进攻，目的是要跨太平洋建立空军基地，以支撑美军对日军的全面进攻。

在离开美国之前，M先生的连队要打免疫针。连队按船员的姓被分为两组。姓氏中首字母从A到L的船员先打好针，准备迎战。姓氏中首字母

不败而胜

从 M 到 Z 的这一批船员，不幸在打免疫针时被感染，导致该连队一半的船员生命垂危。

许多船员在医院死于高烧。M 先生的医生也已经放弃了对他的治疗。作为人生中最后的请求，M 先生要了一大杯菠萝汁，他在医院的最后一晚就在不停地喝菠萝汁。第二天清早，他离开医院时倒是瘦了一些，但离奇的是，他的体温正常了。

连队第一组的成员被分派到塔拉瓦战役操作登陆艇，那时正是 1943 年 11 月。4500 名补给充分的日本士兵正严阵以待。塔拉瓦是太平洋战役中美国攻击的防守最严密的环礁。美军英勇奋战到最后一人。在 76 小时的战斗中，将近 6000 名日本和美国士兵战死在这个小小的岛屿上。

海军提早半小时开始进攻。在前往海岸时，登陆舰发现潮汐并没有涨到一定的高度，海水深度不足以让他们的船只避开珊瑚礁。支援的海军轰炸机暂停一段时间，以便让海军陆战队登陆。在看到美国登陆舰陷在珊瑚礁中且大规模的美国枪支停止开火后，日军集中火力攻击这些登陆舰。要摧毁海军陆战队的全部船只，最好的办法是消灭登陆舰操作员。M 先生的连队中姓氏从 A 到 L 的士兵们几乎无一生还。海军陆战队只得放弃船只，在齐胸的海水和日军密集的炮火中艰难地跋涉到岸边。

M 先生因名字中的姓以元音结尾而逃过一劫。除此之外，他还有一点值得庆幸。他的父亲，一位只接受了 6 年小学教育但却生活在这个大学堂中拥有博士学位的老人，在意大利通过亲戚发现了 M 先生未来的太太。20 世纪 40 年代末，M 先生一家从洛杉矶移居到旧金山。M 先生在二战之后依旧在洛杉矶读完大学。直到 1949 年，M 先生的父亲让他卖掉洛杉矶的房子并搬到旧金山，去见见这位特别的女人。1950 年，M 先生和他的太太完婚，到现在已经相濡以沫度过了 60 多年的时光。对于 M 先生而言，

1950年是非常重要的一年,他已经准备好以新的姿态面对这个世界。

在旧金山时,M先生在一个小房地产公司谋得职位。他的第一个任务就是在加州纽瓦克市卖出10英亩地。1950年的纽瓦克几乎还是不毛之地。没有人会乐观到认为这块地在未来几十年能有任何发展。M先生找到了买家。让M先生感到奇怪的是,买家是一位75岁的老人,短期内这块地对他而言不会有任何增值。当M先生问他买下这块地意义何在时,这位老人回答说"靠出售财产是无法致富的。要想致富,你得买入财产"。

这句话改变了M先生的一生。他意识到自己应该成为一个业主,而不是房产经纪人。他卖掉了父母在洛杉矶的房子,因为他很清楚加州的房地产价格正在不断上升。

回到旧金山后,M先生开始思考如何成为业主。他向周边的人询问可以找谁买入房地产。有人告诉他联合街的一个理发师在兼职做房地产投机买卖。这位理发师告诉M先生,在联合街和拉古纳的交汇处有两栋公寓和一个酒吧,他们俩可以一人出一半的价格买入这块地产。M先生向父亲和朋友东拼西凑地借了3500美元作为财务承诺。在这位理发师的指导下,M先生看都没看就毫不犹豫地买下了这块地产。

在不到一年的时间里,理发师和M先生为了原始投资而卖掉这两栋公寓。M先生还清了所有借的钱。很快,他和理发师以45000美元的价格卖掉了酒吧。M先生的资产从最初的500美元,一跃升到现在的22500美元。

和理发师做完这笔交易后不久,M先生开车前往从未去过的霍华德街。在路过德尔蒙食品公司时,一个熟人突然出现在街头,招手示意M先生停车。这个人有一笔生意要做:如果M先生在交易日结束之前(也就是1小时之内)能付给这个人15000美元的话,M先生将拥有挨着德尔蒙食品公司的一家旅馆。M先生答应了,依然是二话不说。

第二天，M先生发现他买下的旅馆有60个房间，但只有三个浴室，每层楼一个。他没有资金开发这块地产，不久就以比买入时略高的价格卖了出去。事实上，他在买入这块地的时候，卖家额外奉送了加州赫米特的10英亩地。

M先生从没听说过赫米特这个地方。赫米特是南加州沙漠边上的一个小镇，靠近圣哈辛托和棕榈泉。1950年这一年，M先生只是在串起生命中的点点滴滴。500美元的原始资金已经增长到22500美元。M先生决定前往赫尔米，串起他人生中的下一个点。

亚历桑德罗旅馆地处佛罗里达大道的西南角，位于赫米特的哈佛街。旅馆的一层是一个小小的房地产办公室。

睡了一宿好觉之后，M先生穿过大厅，走进房地产办公室，想看看办公室里的年轻人是否知道有关这块地的事情。当他把这些人带到目的地后，他们立即提出以40000美元买下这块地。M先生一时难以置信。他们见状以为是嫌钱少，又把价格提到50000美元。M先生当即成交。

最初的500美元已经变成了现在的72500美元。连胜还在继续。M先生知道当前势头正劲，开始加快速度。三个地产买卖之后，他又继续做了500多次交易。这之后，他没有再找理发师和食品公司边上的年轻人，开始把目光投向成功的企业家。他在第九大道四套公寓住宅楼中的小别墅，已经摇身一变成了旧金山港湾区最高级的住宅区中占地20000平方英尺的宅邸。在35岁这一年，M先生已然衣食无忧。

尽管成千上万的加州人都意识到正身处数十年来的房地产繁荣期，但大多人都只有一栋住所。有些人拥有两栋住所，或者一两个房产投资。只有极少数人挣了大钱。M先生看到并了解市场趋势，全力投资。1950年，许多美国人对投资的观念，都还处在大萧条带来的阴影中。20世纪30至40年代确实是投资的艰难时期。M先生的状况却刚好相反，他认为自己不会有什么损失。他的思想开放，对那些收益大于风险的领域进行了大力投资。

M先生不仅能看到强大而长期的市场趋势，他还明白如何从市场的内部运作中受益。20世纪50年代的房地产远未达到饱和。加州市政厅每天早上都会印刷并发行房地产业务信息的小册子。了解股市的最佳途径就是每天阅读这本小册子——只有少数人愿意费心这么做，M先生做到了，并由此具备了极大的信息优势。相比之下，卖方因为不清楚市场定价和租赁市场行情，常常错误地判断房屋的价位。

要点内容

M先生的故事给我们的最大启示是，当连胜到来时，一定要做好充分的准备。M先生在心态上已经完全准备好进入房地产繁荣期。几次最初的交易之后，他就拥有足够的资金继续下去。与之形成对照，那位理发师只是浅尝辄止，因而他最终仍旧只是联合街上的一名理发师。当连胜出现时，许多人都觉得难以离开自己的安乐窝，无法充分利用已经呈现在眼前的机会。理发师就是这样故步自封的。

认识到市场的运作方式同样重要。M先生因为比许多卖地产给他的人更了解市场而能识别机会，这得益于他每天阅读房地产交易小册子。他不仅比其他人更了解短期市场动态，对长期趋势也了然于心。M先生知道，在牛市不可能输大钱，这使他在看到机会时总能快速出击。

在股市中，了解长期趋势同样重要。在20世纪80年代和90年代，投资者可以在没有任何了解的情况下买入任意一只股票，并能从中赢利。那是20世纪股市的黄金时期，而在过去12年中，靠股票盈利的机会则大大减少。当股市出现窄幅震荡时，投资者尤其需要认识到投资的本质，并采取正确的方法应对当下的市场行情。

第 5 章　构建模块

对于大多数个人投资者而言，投资证券通常被定义为固定收入（债券）和股权（股票）。在大多时候，买入债券的个人投资者喜欢收取利息，而不会去推测债券价值潜在的变化。股票投资者则通常看重资本增值，而不是固定收入。

在选择投资证券时，很少会有投资者认为持有现金是理财的好办法。然而，也总有那么些时候，现金的相对强度远远高于股票和债券的相对强度。在股市低迷时期，现金才是王道。现金、股票和债券都是投资者在对投资组合进行分配时需要考虑到的资产类别。

一、货币

美元诞生于美国财政部。小孩有的时候会问："妈妈，钱是从哪儿来的？"最直接的回答是："是美国财政部印刷美元（或者铸造硬币）。"印刷或铸造出来的货币一旦放入你的钱包，就称为 M_0。如果你把钱放到活期存款里，就称为 M1。当钱被放到一个不那么容易获取的储蓄账户中时，还可以被进而定义为 M2，M3 和 MZM。此外还有 MB，包括在银行金库和联邦储蓄银行信贷中的硬币和钞票。根据流通性的顺序，货币可以被分为：M_0，MB，M1，M2，M3，和 MZM。

M2是经济学家所说的货币，包括美国财政部所印刷的货币以及美联储通过买入债券借钱给银行产生的货币供应。

美联储提供货币供应的方式多种多样。为了避免受到美联储细枝末节的政策的影响，美联储主要通过改变短期借贷利率和买卖债务来控制货币供应。美联储对货币供应的控制被称为货币政策。

货币供应的增加通常会降低利率，转而带来更多的投资，并让更多的钱流入消费者手中，从而刺激消费。随着原材料订购和生产的增加，商业在不断地发展。越来越多的商业活动提高了对劳动力的需求，工资涨了，看涨的经济周期正在展开。

如果货币供应被控制，经济增长可能会萎缩。目前，美联储通过货币政策实现大约2%的通货膨胀率和低于6.5%的失业率。美联储希望看到更强大的经济增长，因此会相应增加货币供应。如果通货膨胀超过基线，美联储就会限制货币供应。

美联储想要通过货币政策实现的金融目标已经越来越公开化。我们写这本书是在2008至2009年的金融危机之后。金融危机导致经济恢复缓慢，劳动力市场萎靡，全球经济形势面临萧条和通货紧缩。随着形势的变化，美联储很可能会改变经济目标。

看上去美联储似乎紧紧控制着货币供应，其实不然。美联储所无法直接控制的是货币流通速度，而这对有效的货币供应带来极大的影响。

货币流通速度可以衡量人们对于消费的愿望。如果我们对收入的稳定性和增长性是有信心的，我们就愿意消费。当我们都在消费时，在当前经济制度下流动的货币流通速度就会增加，这实际上是货币供应的增加。这种情况对经济活动是有利的。如果我们担心自己的收入，尤其是固定支出，我们就会守住自己的资产而避免消费。货币流通速度的下降等同于货币供应的减少,而这对经济增长是不利的。

图 5-1 展示了从 2003 年至 2013 年 3 月的货币流通速度(货币乘数)。你会发现 2003 年的每一美元到了 2008 年下半年(也就是金融危机的核心)都周转了大约 8.5 倍。消费的速度大致保持不变。在金融危机过后的几年时间里,货币乘数没有回到正常的水平,而是从 4.6 倍继续下降到 3.6 倍。

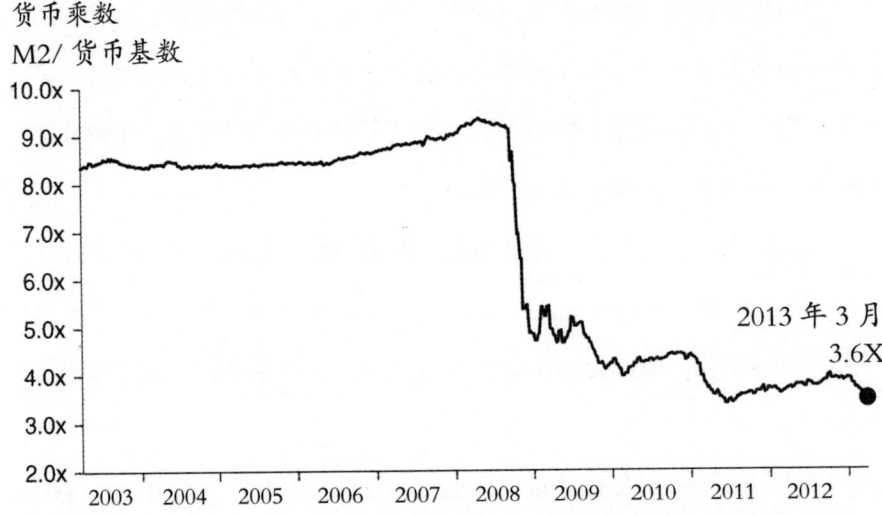

图 5-1 2003 年至 2013 年 3 月的货币乘数(数据来源:摩根大通资产管理)

我们之所以关心消费者和投资者的信心,一大原因就是货币周转速度。如果消费者和投资者的信心增加(风险感知下降),货币周转速度和经济活动也会增加。如果消费者和投资者的信心下降(风险感知上升),可能会对经济和股市带来负面的影响。

尽管美国联邦政府和美联储试图通过发布积极的经济言论,或者向投资者表明政策目标,来使市场上扬,但投资者的信心依然不在他们的控制范围之内。投资者的信心对于货币周转速度扮演着重要的作用,政府随心

所欲地控制货币供应的杠杆并不完整,一旦他们拨动转盘,联系就会松散。

要点内容

总体而言,货币供应的增加对于股票是有利的,货币供应的减少对于股票是不利的。投资者总是希望股市局势大好。如果你长期投资股票,就能从美国和全球流动性的扩张中获益。在2008至2009年金融危机之后,美国股市的发展大部分归结于美联储通过买入债券的项目放松信贷条件。

市场情绪也影响着货币流通速度下的货币供应。对股票投资者而言,关注市场情绪有助于识别市场在短期和中期内的升降趋势。

和其他所有涉及政府动作和经济政策的事物一样,动作和反应之间的关联并不是直接的。这使得市场预测更加复杂。货币供应的变化对于股票能否一路高歌是一个重要的变量,但这绝不是唯一的变量。

二、货币成本:利息

持有货币的最主要的风险,是未来通货膨胀导致购买力下降。供大于求或整体经济通货膨胀会导致货币贬值。举个例子,根据美国人口普查局的统计数据,美国在1970年1月的平均房价是23600美元。如果你在1970年手头有23600美元的现金但并没有将之用于购房,当你等到今天再拿这笔钱来买房时,你会愕然发现当下的房价需要23万美元,比1970年的房价高出了10倍。这就是所谓的通货膨胀。

如果你没有选择把这笔钱藏在床垫下,而是用这笔钱购买了一笔利息约为5.6%的资产,这笔钱的复合收益将和房价通货膨胀同步,到今天你就完全有能力购买23万美元的房子。

利息是投资活动对于一笔钱的时间价值的补偿。

利率是美元的价格。投资者不仅可以通过收取利息与通货膨胀同步,在承担额外风险时通常还要求获取额外收益。所有的金融投资都是基于收益和风险来衡量的，衡量投资的基准是美国财政部所支付的利息。因为美国可以直接印刷美元，所以美国财政部明确了纯货币成本，无法偿还的风险假设为零。

了解货币的无风险成本（短期美国国债的利率）后，你就可以确定能获得多少超额回报来抵消投资中需要额外承担的风险。如果你连无风险利率的回报都没有得到，基本上你可以考虑远离投资的世界了。

要点内容

利率是投资中的重要元素，几乎所有金融投资的衡量基准都是无风险利率的回报。

利率趋势很重要。如果利率上升，你会希望从投资中获得更高的回报。如果利率下降，你的回报也会减少。在2008至2009的信贷危机之后，10年期美国国债的利率低于1.4%，达到史上最低。在这么低的利率下，找到其他吸引人的投资的几率也会很低。这也解释了为什么低利率能刺激股票和众多高风险资产的投资。谁会希望10年只有1.4%的回报率呢？投资者冒风险是希望能够盈利的。从1982年到2012年（1982年1月1日10年期美国国债的利率为大约14.5%）一路下降的利率，带来了30年期债券的牛市。

清楚利率的情况是了解股市的重要一环。到目前为止，我们已经简单介绍了利率和风险的变化关系（高风险，高利率）以及利率趋势如何影响股票和债券的价格。利率的一大缺口以及利率和股市波动相互作用的方式，导致了不同利率之间的差价。在确定投资者的集体风险偏好时，利率差是非常有用的信息。我们将在后面第14章对这一点进行更详细的介绍。

三、黄金

当前许多发展中国家正陷于累累债务中，这便刺激着他们创造通货膨胀。如果未来美元的价值低于当前，政府会大力降低债务的真正成本。贷款的面值不会调高以应对通货膨胀的影响，而贷款固然会在未来某个时间全部偿还。

黄金之所以在过去10年来保持坚挺，部分原因是黄金被大家认为是一种不会因政府印刷纸币而贬值的世界货币；换言之，黄金的供应相对稳定，而纸币的供应很可能会随着不可预测的政府行为而大幅波动。

当美联储在通过量化宽松政策继续扩大货币供应时，黄金和相关投资表现良好。2011年，美国犹他州成为自大萧条以来美国第一个使黄金和银币成为法定货币的州。金属货币可以以市场价交换。其他十几个州，包括明尼苏达州、爱达荷州、乔治亚州和密苏里州，也都有相关的法律。

衡量黄金价值的一大难点，在于过半的黄金需求都来自珠宝市场。大约67%的黄金需求是由珠宝和技术市场决定的。这两大市场对价格敏感，并能够使用黄金替代品；也就是说，受供应约束的世界货币——黄金还远远不够。这使得黄金价格难以预测。

图5-2是黄金价格的长期走势图。黄金价格在1980年1月达到一个巅峰，这是唯一一种在30多年的时间里一直低于峰值价格的投资资产类别。从1980年到1985年，黄金价格下降了67%。

要点内容

如果你持悲观的态度或者你认为纸币的价值终究会随着时间的流逝而一文不值，你可能会考虑投资黄金。很明显，在货币经历大幅通货紧缩时，黄金依然能表现优异。比如1998年，俄国政府使卢布贬值，拖欠内债，并宣称暂时中止支付国外债权人。那一年俄国的通货膨胀达到84%，那些

不败而胜

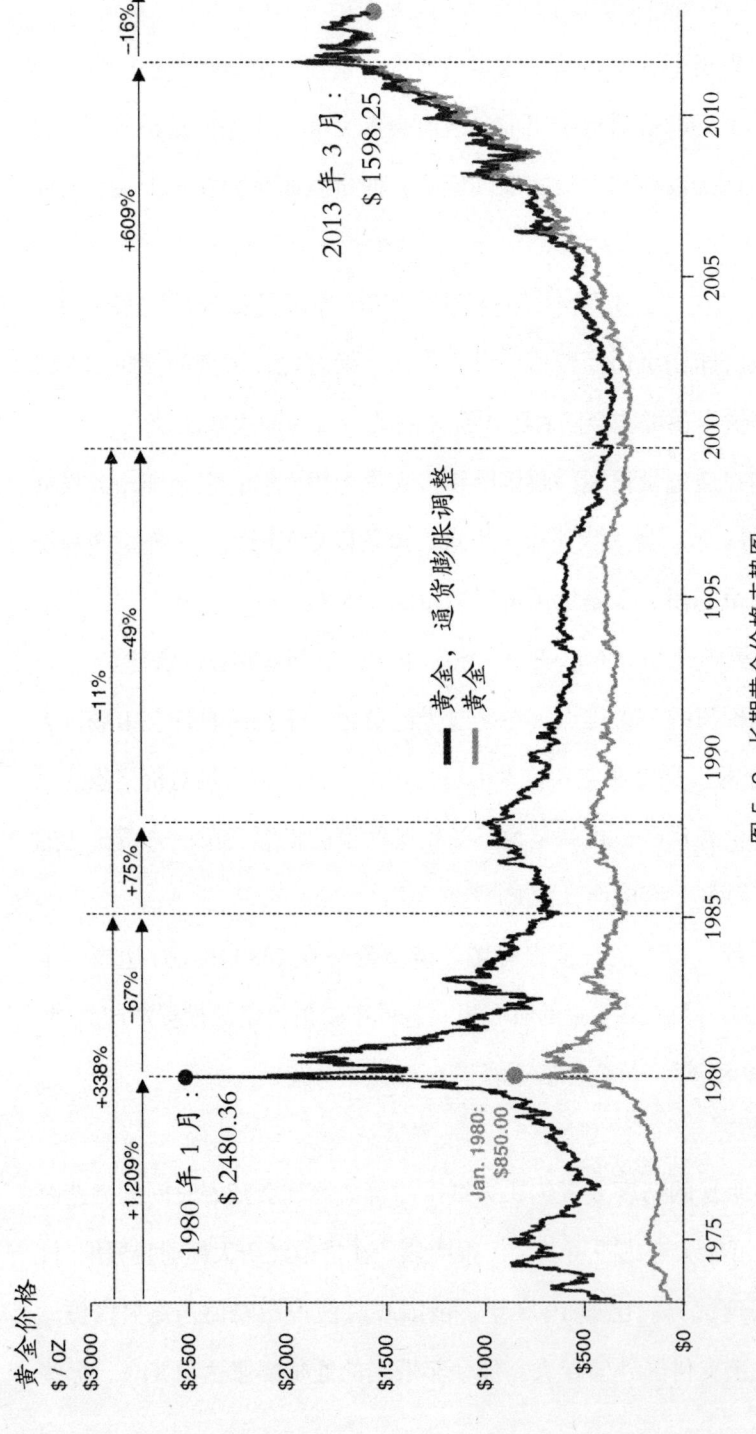

图 5-2 长期黄金价格走势图

（数据来源：Eco Win, BLS, 美国能源部, FactSet, 摩根大通资产管理公司。CPI 调整后的黄金价值可以通过将平均每月的现货黄金价格除以当月的 CPI 价值得出。CPI 基于名义价格重新回到 100。该图中的数据截至 2013 年 3 月 31 日）

持有卢布的人彻底崩溃，而持有黄金的人则幸运地躲过一劫。

除了这样的灾难场景，对于是否投资黄金也有不同的声音。从1980年到1985年的价格走势以及在2013年的春天，当黄金下降了大约30%时，黄金市场面临巨大的价格波动。所有的金融证券都会经历交易堵塞和投机交易。

四、债券

我们身处一个债务的世界。作为消费者，我们借钱买汽车、电视机、房子，等等。几乎人人使用信用卡。作为商家，我们利用短期借款来支付工资，并买入存货制作成品。无论是商家还是消费者都有信贷额度。各大城市发行债券来提供各种基础设施（学校、公路、排水系统）和例行商业需求。我们都知道，联邦政府的税收收入远不及它的花费，并且高度依赖财政部的例行债务。我们的经济依赖于自由流动的债务市场，债务是资本的润滑剂。

不把衍生品算进去，美国债务市场的总大小是大约32万亿美元。如果把衍生品算进去，债务市场的数量级更高。在2008年债券高峰时期，所有债务信用违约掉期合同（债务的衍生品）的账面价值为大约55万亿美元。美国股票市场的总大小大约是15万亿美元。当债务市场碰到问题时（比如2008年至2009年金融危机），股票市场很可能同样面临问题。

对比起来，当信贷容易得到时（比率低，M2增加，速度良好，银行意愿强烈并具备借出的能力），股市通常表现良好。消费者和公司所借的资金可以通过越来越多的经济动作（对房地产和新设备等重新建模）流入股票，所使用的方式包括公司股票回购、资本投资、兼并收购和分红。

作为投资者，你可以买入多种类型的债券，包括政府和公司债券。你所获得的利息应该可以抵消无法还清贷款的风险（违约风险）以及你的机会成本。机会成本指的是你因为这笔贷款而放弃的其他类别的投资。

总体而言，你最安全的贷款对象就是美国政府。借钱给美国政府的措施包括买入美国短期国库券（小于1年期），票据（1到10年期）或者债券（高于10年期）。美国短期国库券，票据和债券统称为国债，代表着最终的止损交易。美国财政部之所以被认为不受违约风险的影响，是因为美国财政部可以直接印刷美元来支付债务。

当全世界主要机构型投资者都心存恐慌时，他们倾向于购买美国国债。在蜂拥而至的国债购买者面前，美国政府完全不需要提供相对高的回报率（利率/收益）来卖出债务。这也解释了为什么美国国债的收益会在欧洲主权债务危机时达到历史最低点。全世界的投资者害怕几乎一切（包括可能崩溃的欧元），但他们唯独不担心美国国债的回报为零甚至有亏损。

借钱给政府实体会带来多方面的风险。除国库券之外，市政和国家债务市场也非常活跃。收益因这些债券的抵押品而不同。相比起那些将某一项目作为支持来源的具体项目债券，通常认为那些要求支付税收收入的一般义务债券相对安全一些。

公司债券会承担更大的风险。公司债券的范围从投资级的债券（低风险）到垃圾债券（高风险）不等。如果债券的感知风险程度加剧，债券收益也就会增加。因为公司债券比美国国债风险更高，所以通常也就有更高的收益。

债券回报的波动性通常比股票回报的波动性要低，这是因为债券持有者同意预先设定好的回报率、放弃了潜在的增长，同时也因为债券在资本结构中的层级高于股票。因此，投资级的公司债券的长期平均波动性（标准偏差）大约4%（根据从彭博获得的数据计算得出），而股票的长期平均波动性为约 21%。

了解一个公司倒闭时谁买了什么股票具有至关重要的作用，因为这能影响证券交易的本质，这也就是我们所说的债券在资本结构中所处的层级高于股票。如果你是一家公司的有担保债券持有者，而这家公司申请破产，你可以要求获得一部分资产作为偿还贷款。这和银行有担保地借钱给你买房子是一回事：如果你无法如期还钱，银行就可以把你的房子卖掉以支付本金和利息。

如果你是一名无担保的债券持有者，也就是说，你借钱时并没有把贷款固定于某一种资产或者证券，那么你得排在有担保的贷方之后收回款项。因为对资产没有一个明确的诉求，所以你会承担更多的风险。但令人欣慰的是，无担保的债券持有者的诉求早于股票持有者的诉求，同时，当无担保的贷款增加风险时，你的利息支付会高于有担保的债券持有者。

如果你所持有股票的公司破产了，在回收公司净资产这件事上，你处于最末端的位置。股票持有者不仅分享公司的资产，也承担公司的亏损。然而债券持有者不承担公司的亏损。在违约情况下，大部分时候，债券持有者获得赔偿之后已经没什么可以分给股票持有者了。因为股票在资本结构中的层级低于债券，所以股票持有者所承担的风险要高于债券持有者。理论上而言，股票的回报是没有上限的，也可能全盘皆输，所以股票的波动性远远大于债券的波动性。债券的支出是早已确定好的，且全盘皆输的可能性小得多。

如果你有可能接受更多的酬劳，那么在投资中承担更多的风险也就是情理之中的事情了。股票比债券多出的这部分回报，被称为股票风险溢价。从长期来看，正因为股票风险溢价，股票投资者的预期回报率高于债券投资者的预期回报率。

债券市场通常具有动能市场的特点。买入和卖出都会造成循环。动能特点使得债券市场会发生爆炸性的突破。最近一次的债券市场的爆炸性突破，是在2007年美国次级房贷市场开始的经济危机中。在危机的制高点时，许多美国公司都命悬一线，他们的运营资本需求使得这些公司无法获得短期融资。

信贷周期对于了解整个股票周期是非常关键的一环。总体而言，信贷周期能持续若干年。从2009年开始，信贷市场开始一片繁荣，公司通过卖出那些处于历史低点的债务来提高资本的记录数值，这些对于股票都是好消息。2009年至2012年是债券市场的繁荣期。在这段时间内，标准普尔500指数比2009年3月的低点翻了一倍多。公司增加的债务资本大多通过股票回购、兼并与收购以及分红流入股市。

要点内容

从股权投资人的角度而言，了解债券市场的情况具有非常重要的意义。公司通过借钱增加的资本通常会流入股票市场。当债务市场自由流动且利率很低时，公司发展更快，并且会带来更高的资本回报率。紧缩的信贷情况则是截然相反的情形。

政府借款能帮助在短期内刺激经济发展，但是从长期来看会增加民间投资和政府自由支配开支。当税收水平增加且除债务之外的政府花费减少时，联邦政府维护的高债务水平会引起大家对美国经济长期预期增长率的关注。除此之外，当债券购买者考虑到加剧的风险要求更高的回报率时，高债务水平会潜在导致利率的增加。

债券衍生市场让债券市场有些难以捉摸，沃伦·巴菲特称之为"大规模杀伤的金融武器"。信用违约互换合同，尤其是债务和利息需要支付的保险金，都会放大违约带来的影响。当雷曼兄弟破产时，兑现信用违约互换合同义务的成本，使得美国国际集团几乎倒闭。美国国际集团需要将近两万亿美元的紧急援助。一些大型金融机构（包括美国银行、摩根大通公司、高盛投资公司等）没有看清债务衍生品市场，他们试图精确测算对手风险，因为信用违约掉期合同是私人合同。对手风险某种程度上说明银行或是银行的商业伙伴都无法确定明天是否还依然存在。当财政部分处于紧迫的持续经营的风险时，证券市场崩盘，标准普尔500指数骤跌超过50%。

尽管金融可视度上有一些改善且债券衍生品市场也得到控制，但是形势依然不容乐观。这一方面的风险依然是股价出现负压的主要来源。

正常运行信贷市场对于股市的合理运营起到关键的作用。在2008至2009年的信贷危机中，债券持有者开始注意到，他们在资本结构中的优势地位在一些救助计划中不会被美国政府所认可，这个过程中对债券持有者的合法保护的信心丧失，给证券交易带来了灾难性的影响。债券和股票市场在信贷危机之后逐渐恢复的部分原因，是我们的经济体系的资本结构在经济危机中经受住了考验。

五、股票

当你持有一只股票时，你就拥有了一家公司的股份。股份持有使你拥有了公司的一部分。现代金融理论认为你应该关心收益和分红。不同于债券持有者，你现在和公司收益的增加或者减少休戚相关。从理论上来说，当收益和分红上升时，你所持有的股票也就会增值，其中部分原因是预期收益和分红是有波动性的，所以总体而言，股票回报的波动性大于债券回报的波动性。股票长期的平均年波动性（标准偏差）达到约21%。

和债券一样，股票的形式多种多样。通常股票被分为价值股和成长股，根据市值可以衡量股票的大小。将发行股票的数量乘以当前股票价格可以得出股票的市值。股票按照大小通常被分为大盘股、中盘股和小盘股。尽管并没有统一的业界标准，小盘股的市值范围是3亿美元到20亿美元，中盘股的市值范围是20亿美元到100亿美元，大盘股的市值范围是超过100亿美元。小盘成长股被认为是积极成长股，而大盘价值股通常被认为是防御型股票。一般而言，通过投资者所持股票的相对强度可以测量出投资者的情绪指数。

股票和债券使用一样的基本元素，也就是预期支出和时间，来形成价格。通常情况下，公司的收益和分红比债券支出具有更大的波动性，这一点使股价变得复杂。股价反映出一组未来收益成本和每一份收入的可能性乘积。这种概率加权的支出结果经过一定的折扣后会等同于当下的股价。将市盈率应用于公司收益时，常常需要用到这种折扣。

图5-3展示了从1960年到2011年6月30日经调整的税后公司利润相比国内生产总值（GDP）的百分比。图5-4是1997年到2013年3月31日的标准普尔500指数的图表。

这两幅图表很清楚地展示了收益和股票价值之间的正向关系，但是这两者之间的关联不适用于一对一的关系。就正相关而言，2000年和2007年的收益和峰值股价能完美地对应上。从1993年的低点开始，股价和收益都在上升。2002年和2008年的收益一落千丈，这完全符合股价图上的波谷。

然而，自2000年以来标准普尔500指数的收益，无论是绝对收益还是占国内生产总值的百分比都翻倍了。2012年底时，尽管收益翻番了，但是标准普尔500指数的交易水平和2000年持平。很明显，是收益之外的事物在控制着股票波动。

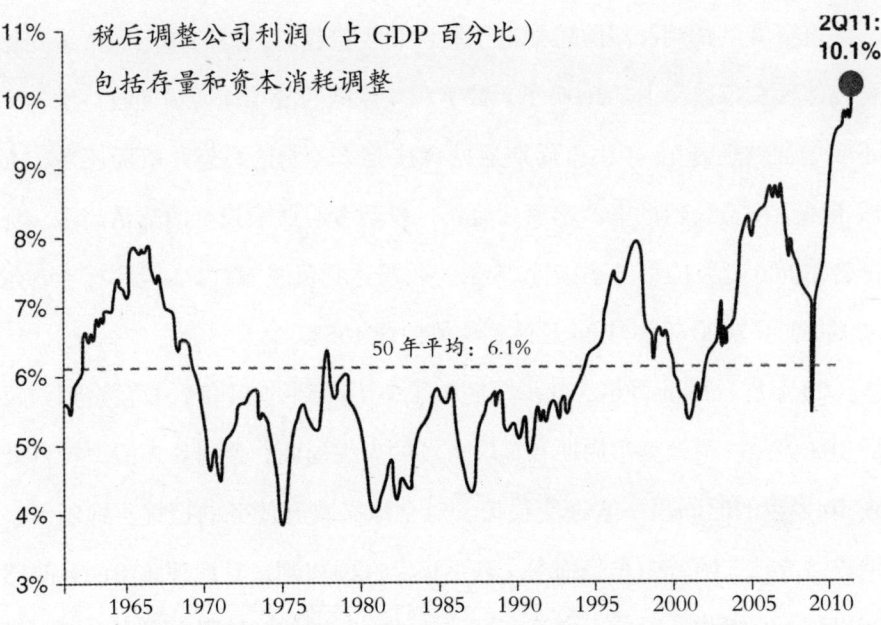

图 5-3 税后调整公司利润（1960 年至 2011 年 6 月）

（数据来源：美国商务部经济分析局，FactSet 调查公司）

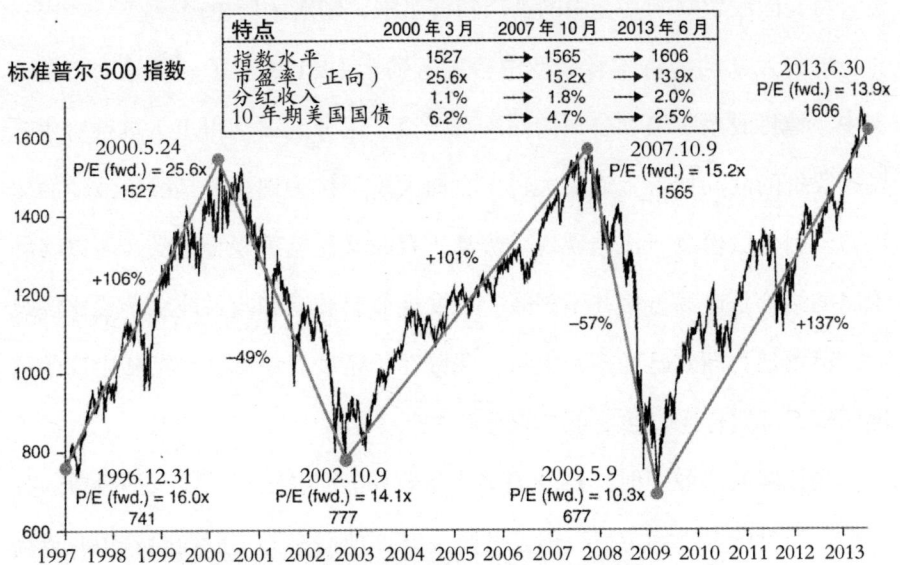

图 5-4 标准普尔 500 指数（1997 年至 2013 年 3 月）

（数据来源：标准普尔公司，第一次调用，电子计算机会计数据库，辉盛研究系统，摩根大通资产管理公司）

投资者的情绪和风险感知对于股价和收益起着关键的作用，情绪变化可以体现在市盈率上。2000年，数字和互联网的变革使得预期收益增长率不断增加。随着18年牛市周期遇见科技变革，无论是公开市场还是私人股本风险投资公司的资产都流入股票。投资者对股票投资的热情高涨。标准普尔500指数的市盈率接近28倍，收益达到每股56.13美元。标准普尔500指数于2000年3月24日达到峰值，约1553。

20年后，标准普尔500指数的市盈率下降到约14倍，收益达到约每股105美元。两大熊市周期和金融市场的失控局面，使得许多股票投资者在10多年的时间里一直遭受损失。对全球高政府债务的担忧，抑制了预期收益成长。随着中东恐怖主义和不稳定性的加剧，对地理政治的风险感知也在不断深化。股价不增值，且波动性不断增加，这很大程度上抑制了人们对股票投资的兴趣。从2007年到2011年连续5年的时间里，个人投资者将美国股票共同基金中的资产转移出来，创造了历史记录。

耶鲁大学的经济学教授罗伯特·席勒于1981年写了一篇论文，在论文中，他将股票价格和公司的贴现现金流（由分红评估得出）进行对比，发现股价的波动比现金流要大得多，而大家都认为现金流是股价波动的驱动力。因为股价有时比贴现现金流高，有时又比贴现现金流低，所以席勒得出的结论是市场价格并不高效。在发现股票波动和收益波动不成比例之后，市场是否高效已经不是重点，关键在于席勒意识到从短期和中期的角度而言，可能有比收益更重要的元素在驱动着股价。

当你转换市盈率时，得到的要么是收益/价格比率，要么是股票的盈利率。当投资者不确定持有股票的风险时，他们在购买股票时希望有更高的预期回报率（盈利率）。在这种情况下，市盈率会下降。当投资者对风险毫不担忧，他们对预期回报率没有那么高的期待，容易受到股权风险的影响。这种情况下，市盈率会上升。投资者的情绪极大地影响着市盈率和股价。事实上，从2000年开始的12年的时间里，相对于对收益的影响，投资者的情绪对股价的影响更大。

图5-5展示了从1994年到2013年3月标准普尔500指数的盈利率和BAA债券的收益情况。到2013年3月，根据这两种证券类型的相对产量的衡量，股票风险和中等债券风险一样高。随着时间的推移，持有债券和股票的风险将不再固定不变，并且会面临更高的波动性。

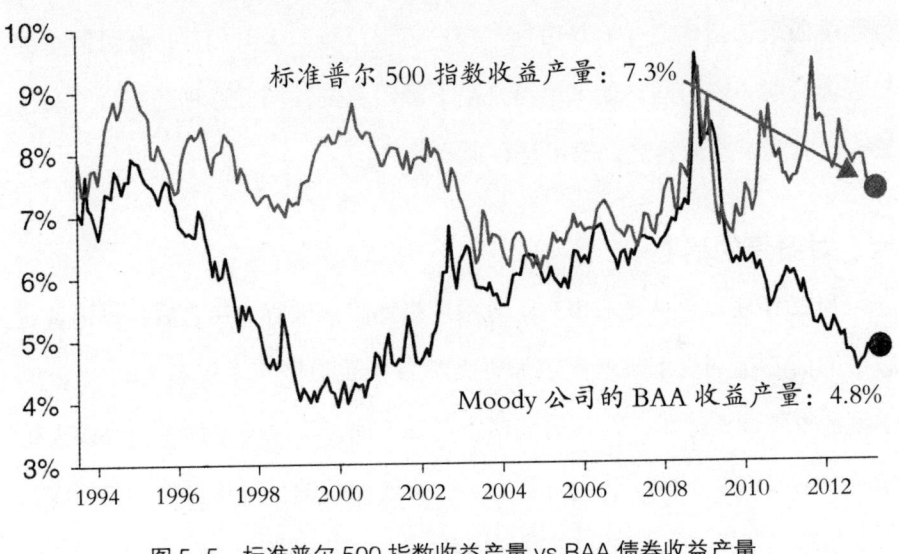

图5-5 标准普尔500指数收益产量 vs.BAA债券收益产量
（数据来源：摩根大通投资管理公司）

从理论上讲，长期来看，股票这种资产类别比低风险的债券拥有更高的回报。从1912年开始，股票的平均年回报率（名义回报率减去通货膨胀率就等于实质回报率）达到7%。通过本书后面章节的学习，我们将会看到使用长期平均回报率作为投资导向是极具误导性的，结果也总是令人失望的。

要点内容

这本书的终极目的是要提供一种最安全的股票投资方法，以帮助投资者盈利。到目前为止，我们已经了解到股票是有风险性和波动性的，并且会受到众多因素的影响。在后面的章节中，我们会阐述真实环境下的各种市场因素和学术理论，来进一步深入解释股票所经受的交易压力，以及这种压力将如何影响投资者的投资模式。

今天，在这样一个媒体行业无时不在地散播着消极信息的环境里，投资者要想透过一片混乱形成对股市的公正真实的看法绝非易事。衡量市场健康度的最佳指标之一就是市场本身：如果市场呈上升趋势，很可能这种趋势会持续一段时间；如果市场是呈下降趋势的，同样这种趋势可能会持续一段时间。总而言之，股市是有延续性的。

六、对股票的信心

2012年底，也就是股市由于金融危机而陷入波谷3年之后，投资者对股市的信心达到史上最低。芝加哥大学布斯凯洛格商学院对2012年第二季度的季度调查显示，79%的被调查者都不信任美国金融体系。许多人越来越相信股市并不能反映定价效率，股价能反映的是定价操控、贪婪以及只对机构内部知情人有用的腐败的体系。

在过去10多年的时间里，投资者经历了以下事情：

* 从2000年3月到2002年10月的股市崩盘中（网络泡沫），导致市场资本500亿美元的损失，纳斯达克综合指数（持有很大比例的科技股）骤跌了将近80%。

* 2001年的9·11恐怖袭击永远地改变了美国人的生活方式，NYSE

关闭了长达4天（在美国历史上股市终断交易长达4天是极其罕见的）。

* 安然公司的丑闻和暴跌。这家市值几十亿美元的公司经营不透明、投机色彩浓厚，并且利用基于资产负债表之外的融资。从世界500强中排名第7的公司到被逐出榜单，一共只花了将近1年的时间。安然公司的倒闭，还意味着安达信会计师事务所的破产，后者也是那时世界上排名第5的会计事务所。

* 除安然公司之外，其他臭名昭著的财务丑闻还包括泰科国际公司、阿德非亚有线电视公司、百瑞琴系统公司和世界通讯公司。这些丑闻事件直接带来2002年的萨班斯—奥克斯里法案（也就是公众公司会计改革和投资者保护法案以及公司和审计责任法案）。

* 2008年至2009年的金融危机中，标准普尔500指数骤跌了将近50%。一个构建于放松信贷、衍生产品和缺乏金融控制的系统，直接导致了经济大衰退，经济一片萧条。许多本被认为再安全不过的股票几乎全线崩溃，包括范妮梅、房地美、通用电器、美国国际集团AIG和许多大型银行。

* 伯尼·麦道夫庞氏骗局涉及成千上万投资者，所囊括金额达到约50亿美元。麦道夫曾担任过纳斯达克股市的主席。紧随麦道夫事件的是斯坦福金融集团的艾伦·斯坦福和全球曼式金融的乔恩·科尔津。这两位诈骗了成千上万投资者共达几十亿美元的资产。科尔津以前曾担任高盛投资公司的首席执行官以及美国新泽西州的州长。

* 2010年5月6日，美国证券市场"闪电崩盘"，道琼斯工业平均指数在这一天之内骤跌了1000点，达到近9%。闪电崩盘的价格波动大部分可归结于计算机驱动交易的作用——如今美国股市中过半的

交易数额是由高频交易的计算机驱动的。
* 不少流氓交易员也给公司招致巨大的损失，如摩根大通（2012年4月和5月损失了56亿美元）、瑞士联合银行的阿多博利（2011年9月损失了20亿美元）、美国长期资本管理公司（1997年夏天损失了46亿美元）、法国兴业银行（杰罗米·科维尔于2008年1月让公司损失72亿美元）、摩根士丹利（豪伊·胡布勒于2007年让公司损失90亿美元）等。所有这些都证明，资产是可以转瞬即逝的。
* 内部交易丑闻也屡见不鲜，包括瑞吉拉·加拉特拉姆、麦克·古登博格、大卫·泰吾迪、埃里克·富兰克林以及山姆·威利和查尔斯·威利。
* 脸书的首次公开募股，各大机构都被提前告知降低收益，同时个人投资者大量买入，在交易的前几个月后，这些股票就下跌了超过50%。
* 伦敦银行同业往来贷款利率丑闻涉及大型跨国银行之间串通勾结，对广泛使用的利率造成虚假的上升或者下降，从而从交易中牟利，并放出烟幕弹，让大家认为这是一家信誉卓越的公司。

很明显，投资者完全有理由担心股市的稳定性和完整性。

要点内容

和股票的整体规格相比，总体而言这些事件并不那么重要。全世界股市的总价值大约40到50万亿美元。美国股市的大约是15万亿美元。毫无疑问，这些事件对于股市定价会造成重大的破坏，但是从历史的角度来看，这些破坏终究会随着时间的流逝而被冲刷掉。

尽管过去10年的事件听上去非同寻常，但他们也不还不至于到无法理解。整个 20 世纪充斥着股市丑闻和各种破坏，包括两次世界大战、冷战和越战。美国的垃圾债券之王迈克尔·米尔肯以及伊凡·波斯基和丹尼斯·乐凡，都在 20 世纪 80 年代末期通过内部交易和市场操控手段成功地扰乱了金融市场。

由于金融市场的不断扩张，如今影响着投资者信心的因素相比起 100 年前已经是非常温和的了。在 19 世纪晚期的股市中，投资者们纷纷进入这个新兴的市场大展身手，包括杰·古尔德、詹姆士·费舍、拉舍尔·赛奇、爱德华·亨利·哈里曼以及 J.P. 摩根。由于股票交易的价格和这些操盘手的财富相比如同小巫见大巫，这些操盘手们有充足的机会操控股票价格。

直到 20 世纪 20 年代，大部分市场欺诈依然只能影响少部分投资者。当股市被界定为财富操纵者之间的抗衡时，政府便不再插手。然而，第一次世界大战之后，普通美国老百姓开始意识到股市的存在。为了利用这种新货币的流入，操作者们协同合作创建了股票池。合并的基金被用来操纵价格。股票池开始显示出越来越强大的力量，慢慢开始操控着大盘股，比如克莱斯勒、美国无线电公司以及标准石油公司。

当股票市场于 1929 年崩盘时，公众和政府都因为这场经济灾难而遭受重创。股票池承担最大的责任，这也直接导致 1934 年建立了证券交易委员会。

证券交易委员会的建立并没有终结股市未来的灾难，然而，它代表着投资行业向前迈进了一大步，所有的股市参与者都可以发挥自己的作用。股市是一个鲜活的存在，应该动态地看待它。可以肯定，美国股票市场从来都不是无可挑剔的，但即便有这么多不足，股票投资依然是获得风险调整后回报的最好方式之一，在今天看来已经成为最透明和有效的投资方式。

第 6 章 现代金融理论的故事

现代金融理论的故事永远围绕着一个话题：股票价格是否可以预测。尽管许多机构投资行业都认为股票价格是可预测的，但学术理论认为除非你有极其可靠的信息或者操控股票价格的良方，否则股票价格大多情况下都是不可预测的。这场争论的重要性在于它决定了你将如何投资股票。

如果股票价格是可预测的，你会希望通过主动型理财经理选择一些大盘表现突出的股票来形成投资组合。这种情况下，你无需担心费用的问题，你只需关注主动型理财经理带来的那部分价值，并将此价值同其他理财经理带来的价格以及整体市场的表现进行对比。如果主动型理财经理真的能带来增值，这些费用也就物有所值了。

如果股票价格是不可预测的，你应该做的是买入各种类别的股票，来构建你的投资组合。选择买入并持有模式的原因是，你深信未来的股票价格一定是随机的，而平均预期股票回报会让风险和回报的权衡更具吸引力。你必须随时处在股市中，以便在股市走高时抓住良机。当你采用的是买入并持有模式，你最担心的就是费用，因为费用是投资组合表现不佳的最重要的原因。

如果你相信买入并持有投资方法论，你会赞同以下几点：

1. 基于风险调整的考虑，股票能比其他类别的资产提供更好的或者至少相等的回报，换句话说，股市的预期回报能保证你的投资盈利。

2. 股票价格是随机且不可预测的。

3. 抓住股市中最好的几天的盈利足以抵消遭遇股市最糟糕的几天所付的代价,当整体呈上升趋势时,得失应该被看成对称风险。

4. 通常你需要从股票投资中提取资金的时候,不会刚好碰上股市下跌期。

1974年,约翰·博格尔创建了先锋集团,为零售投资者提供了低成本和低流动的基金,包括跟踪标准普尔500指数的先锋500指数。约翰·博格尔显然是想通过可行的办法,让个人投资者体会到各大经济学家,如尤金·法玛、伯顿·麦基尔和保罗·萨缪尔森的科研理论,这些经济学家认为买入并持有是股票投资中的最佳策略。

先锋基金非常适用于那些关注费用的买入并持有型投资者。在大多数情况下,先锋基金是低成本的,且能够跟踪大多数股票。如果这个世界一致认同买入并持有的学术理论,那么先锋基金和其他类似的基金会占共同基金中绝大部分的比重。然而,两大基金公司——太平洋投资管理公司和富达国际投资公司——都坚定地认同主动管理。包括对冲基金在内的投资领域中发展最快的部门,都是采用主动管理的模式。尽管学术理论认为买入并持有是最好的选择,但是投资者愿意为主动管理承担相对更高的费用。为什么?亘古不变的答案只有一个:出色的业绩表现。

这是一个不断变幻的世界。美国股市已经长达12年不见增值,所以投资者希望理财经理能为他们带来更多。日本股市也已经停滞了约30年。发展中国家的经济都陷入高债务危机,这将在未来几年的时间内抑制经济发展和股票市场增值。正是在这些艰难的岁月里,投资者更加容易尖锐地质疑各种推测。投资者要的是结果,他们不希望在类似纳斯达克崩盘或金融危机事件中遭遇经济重创。令人欣慰的是,过去10年中所遇见的种种困难都促使投资领域做出改变，找出解决的办法。

一、投资基础

归根结底，投资就是通过资产投入获得回报，而这份回报能抵消这笔资产的时间价值和这份投资所承担的风险。

资产定价理论解释了为什么资产价格是一种风险。风险包含两大主要元素：时间和不确定性。如果你在投资，你其实是在基于未来事件的预期做出一个动作。你在对未来支出的可能性做出预测，并盘算着预期支出和当下价格的折扣。

基本上，未来预埋着风险。没有人能确切地知道明天会发生什么。你预测地更远，就会发现未来更不可控；换句话说，时间越久，风险越大。时间过去得越多，你就越会为更多的风险要求更高的回报。基本上，今天的证券价值取决于时机以及未来支出的概率。

在写这本书的时间里，美国政府的10年期美国国债的年利息率低于2%。这足以说明各类投资的预期回报有多低。图6-1列出了几种不同的利率。美国国债（无风险）的利率和其他资产类别的利率之差，被称为收益率差价。不同风险资产的收益率差价的高低，通常被用来衡量投资者究竟是追逐风险还是规避风险：如果收益率差价大，投资者是规避风险的，他们在投入资金之前期望高回报率；如果收益率差价小，投资者愿意在投资时承担更多的风险。

为了将投资概念简单清晰化，我们以一个具有清晰回报率和风险群的工程项目为例。我们假设一位投资者正考虑搭建一座大楼。如果融资价格合理，大楼能吸引足够多的租户，租户定期支付租金，则投资者的资本和项目风险的成本得以补偿，在这种情况下，这个工程是完全可以接受的。

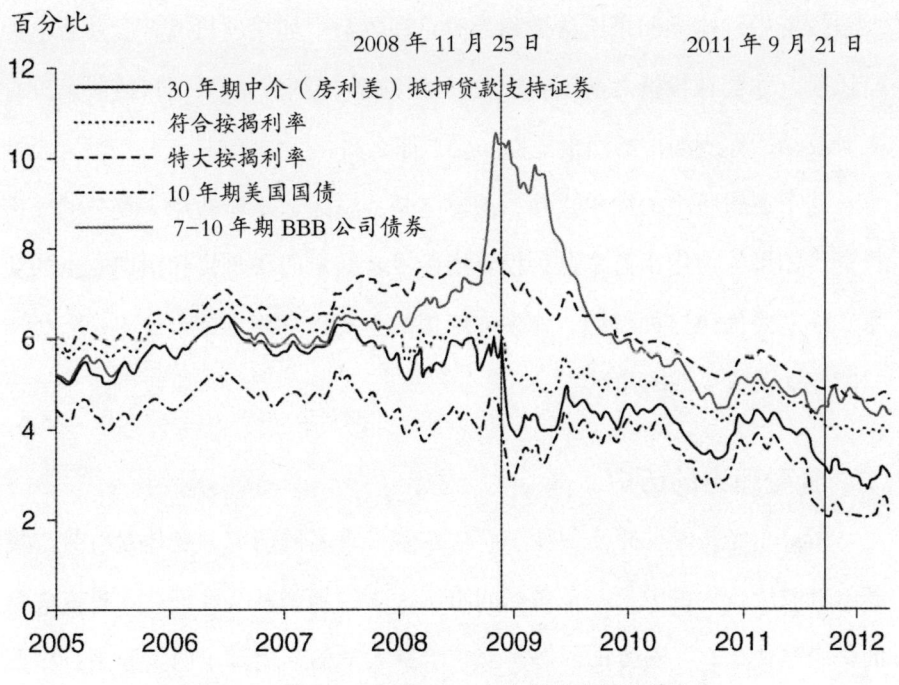

图6-1 从2005年到2012年各种债务证券的收益

（数据来源：旧金山联邦储备银行，2012年5月21日）

尽管许多投资者主要关注的是房地产相关事宜，包括获得大楼建工执照、修建公寓、吸引租户和收取租金，但是资本的成本和可行性依然是不容忽视的关键要素。如果资金充裕且成本低，大楼修建工程的数量就会增加；反之，大楼修建工程的数量则会减少。大部分时候，投资的失败并不是缘于大楼质量堪忧或者无法吸引用户，而是因为工程的融资结构从一开始就出现了问题。负债清偿率应该足够高，且债务偿还条款应该满足预期工程支出——在评估投资时，你应该牢牢记住项目的资本结构。

总体而言，买入股票和新建公寓大楼的项目没有太大的不同。从盈利的实际角度考虑，你会衡量资本支出（购买成本）和未来回报的比率。在股票投资中，这类回报通常被称为股息和收益。如果项目或者股票看上去有风险，你会在投资之前就要求较高的预期回报率；如果项目或股票没有太大波动，你所期待的回报率也许会不那么高。

这个逻辑听上去简单直接，遗憾的是，它远远不能适用于复杂的股市投资。如果你使用市盈率这种投资指标或者衡量股票价格和预期支出的关系，你需要优化这种模型。如果你使用的主要投资指标是市盈率，那么你只能接受屡败屡战的命运。

二、金融理论的历史

诺贝尔经济学奖得主保罗·萨缪尔森最著名的研究，是他对有效市场和随机股价行为的分析，他曾经问哈佛大学的捐赠基金经理："投资成功的秘诀是什么？"对方的回答是："哈佛大学的捐赠基于两大原则：1. 不要咨询有关经济部门。2. 不要咨询商业学校。"以下列出了经济学院的教授们教给 MBA 学生们的有关现代金融理论的主要内容——了解投资理论的目的以及投资的背景知识，能为你理解本书奠定坚实的基础：

主要里程碑

1900　路易斯·巴诗里叶：专题论文《投机理论》。价格的浮动是随机的，因此无法用数学预测出未来的股票价格。

1933　阿尔弗雷德·考尔斯：《股市预测者能预测未来吗》（发表于 1933 年 7 月《计量经济学》期刊第 1 期第 309 — 324 页）。在研究了成千上万份投资专业人士所做的股票选择之后，考尔斯发现没有人能看透股市。

1938　约翰·布尔·威廉姆斯：《投资价值理论》（摘自北荷兰 阿姆斯特

丹 1964 年）。威廉姆斯在本文中探讨了在股息贴现模型的早期版本中股息是股票价值的决定因素。

1934—1949 本杰明·格雷厄姆《证券分析》（1934 年）和《聪明的投资者》（1949 年）。格雷厄姆宣扬选择性价值投资。沃伦·巴菲特从价值和成长两方面进一步延伸了格雷厄姆的学说。本杰明·格雷厄姆和沃伦·巴菲特都不是学院派人士，他们的理念和当时所处环境并不相符，主要有以下两点：1. 他们的研究基于主动投资，而不是学术理论。2. 他们都不是买入并持有理念的忠实信徒，他们都是在投机性地买入一些被低估价值的股票后成为长期股东。他们进入进该表单的原因是其对投资领域所产生的重大影响。

1952 哈利·马克维茨：《投资组合选择》（发表于 1952 年 3 月《金融杂志》第 7 期第 77-91 页）。马克维茨在文中谈到多元化的本质，并假设如果一位投资者持有多种类型的股票，就可以通过维持总体预期回报来降低风险。

1964 威廉·F·夏普：《资本资产定价：风险条件下的市场均衡》（发表于 1964 年 9 月《金融杂志》第 19 期第 425-442 页）。夏普提出资本资产定价模型（CAPM）的理念。CAPM 认为投资者应该拥有一个投资组合，包含和市值成一定比例的各种证券。该理念所持的观点是，投资者所得到的补偿是针对其所承担的必要风险（整体市场风险），而非不必要的风险（某只股票的风险）。夏普认为市场风险是不可避免的。那些投资组合和整体市场不符的投资者，是在玩一场零和博弈，这说明他们已经为非附加预期回报承担了附加的风险。夏普的研究为市场投资组合中买入并持有型投资奠定了坚实的基础。马克维茨对于多元化投资的研究和夏普的 CAPM 带来了今天投资市场中零售行业的标准方法。基本理念是持有一只多元化的股票可以减少公司层面的风险，投资者只需承担和市场相关的风险。和市场波动有直接关系但不受公司表现影响的股票表现，被称为贝塔值。从理论上讲，多元化投资组合让投资者所承担的风险与市场风险水平持平，且预期回报要高于投资组合中的任何一只股票。

1965　保罗·萨缪尔森：《合理预测随机价格波动之证明》（发表于1965年的《行业管理评论》第6期第41–49页）。萨缪尔森所持的观点是，在所有已知信息都被理性投资者定价于股票中的有效市场，股票价格是无法预测的。萨缪尔森的观点经过大量可靠的证据证明，即未来股票价格一般是无法预测的，这带来一个观点：选择股票不如拥有市场。此外，股价的随机性一直处于争论当中，所以建议投资者采用买入并持有方式，因为投资者无法预测市场增值的时机。

1968　迈克·詹森：《1945—1964年间共同基金的业绩》（发表于1968年5月的《金融杂志》第23期第389-416页）。詹森在文中展示了在他所处的股市年代里，主动管理型美国共同基金的表现不如整体市场指数。他开创先例地用阿尔法值表示主动管理型经理的动作所带来的超出预期的表现。詹森的研究成果为买入并持有的被动投资的论文提供了坚实的佐证。

1970+　到这时，经济理论已经为今天的零售投资行业的运行奠定了坚实的基础，通常建议投资者基于自己的风险承受能力在债券和股票中分配资产。在股票分配中，各种理念会引导投资者买入并持有一个能代表整体股市水平的投资组合。

　　法玛、布莱克、斯科尔斯、莫顿、罗斯、弗兰奇、格林诺德、卡恩等经济学家，都在前人的研究成果上锦上添花。有效市场假想被分化为弱势有效市场、半强式有效市场，以及强式有效市场。布莱克—斯科尔斯期权定价公式和套利定价理论，关注套利如何减少没有特殊风险的超额回报的机会。用来解释股票回报的单因素模型，逐渐被多因素模型所取代。

理论发展的净效果是，个人投资者经常在本该大展身手的投资周期内遭遇重大损失，且投资组合表现不佳。

和零售投资形成鲜明对比的，是机构型投资。机构型投资的世界涉及不断增加的量化、主动和动态投资组合管理。和理论研究以及零售投资的状态相比，机构型投资具备更好的风险控制和预期回报。

三、随机和高效

1970年经济学诺贝尔奖得主保罗·萨缪尔森，将随机的概念广泛应用于股市，他于1965年发表了一篇名为《合理预测价格随机波动之证明》的论文。他的随机假设说认为，在这样一个结合了所有市场参与者的已知信息和未来预期的股市中，未来的股票价格是不可预知的。该理论认为有效市场快速将所有已知信息融入市场价格，减少了持续而重大的盈利机会。

如今，在这个数字信息时代，成百万的投资者都接近光速地大额买卖股票。市场价格指的是市场出清价（买方和卖方同意某一价格并愿意以及有能力在此基础上交易）。有效市场理论认为，这种价格大致反映了某一资产的所有公开信息。信息传播的速度和投资者的交易速度都提高了，因而市场就变得更加高效。

当我们第一次进行股市交易时，机构交易还是用电话操作，到处都是纸质的票据，随处可见交易员疾步冲进交易大厅。每一个交易都要打卡。当交易员抽空去点了一份比萨，加了一份芝士，或者抹了一点辣椒时，订单很可能就会落入另一位交易员的手中。

最惠顾客的订单总是被优先处理。低优先级的顾问总是被排在队尾，不被交易员重视。大佬们要求最佳订单处理，所以小喽啰们大部分时候只能凄苦地接受等待订单处理的命运。毕竟，是大佬们在付钱分红。即使订单都是要盖章印戳的，但是由于那时没有电子系统来跟踪幕后操作，所以整个交易环境都是非常原始的。

老旧的纸质系统不仅速度慢，而且容易带来混乱。在这种系统下，信息定价到市场的速率必须是人类模拟感应系统所能支持的。你可以拿起电话，拨打客户的号码，告诉客户爆炸性新闻，并在股市波动之前处理客户的订单。事实上，这些动作可以做 5 遍，每一次电话都是经过快速拨号，5 次电话只需花上几秒钟。

人类刚刚跨入 21 世纪时，股市也进入了数字化时代。基于光纤电缆的二进制计算机程序取代了人工操作。美国金融部门作为全世界最大的技术买家之一，酷爱各种昂贵而快速的工具。订单录入系统的任务大多是基于计算机操作。拨号电话已经淡出大家的视线。衡量人工交易员的基准是成交量加权平均价和其他计算机化的交易算法。

如今，安置在交易所大厅的超级计算机能够通过光缆快速为市场定价。托管业务缩短了连接计算机和股市的管道距离和传输时间。这使得市场在股票定价这一点上达到了超级高效的程度。此外，较之从前更低的成本增加了市场的有效性。计算机促进了交易额（流动资金）的上升。根据《纽约时报》的报道，高频交易使自 2000 年以来的交易成本减半。

市场已经包含了所有的信息，所以也就没有必要再进行一系列深入的研究或分析。金融理论认为，协同合作会增加你的交易成本，并降低你的预期回报。你的预期回报等于市场回报减去你获得这些回报所需的成本。

第一篇
连胜与投资

尽管有效市场假说认为总体而言超额利润不能随着时间的推移而持续增值，但是信息优势（内幕交易）和先进技术（通过更好的计算机达到更快速的交易操作，并最终实现统计套利和高频交易）等竞争优势能持续带来更好的回报。本书无意让你使用速度更快的计算机或者试图获取股票的内幕消息，我们通过这本书所要传递的信息，是展示如何通过有序的主动投资管理来获取长期的可观的投资回报。

一位经济学家和他的朋友在沿街散步时，发现地上有一张100美元的钞票，经济学家的朋友想要上前捡起钞票，这时经济学家说："别费事了，如果这是一张真正有用的100美元钞票，早就被其他的人捡起来了。"这个笑话巧妙地体现了有效市场假说的荒谬性，同时也说明对随机价格和有效市场持有坚定信念的重要性——只有那些仅仅关注眼前事物而忽略事物本质的人，才会去捡起那100美元。

对于解释市场定价的随机性和高效性而言，这个笑话只是抛砖引玉。随机游走和高效市场理论的重要性，在于它们能很好地解释整体股市波动。

1. 总体而言，用有效定价来理解股票价格是一种很好的方式。因为股票能反映出主动型市场参与者的所思所想，所以股票价格包含了很多有用的信息。所有技术（图表）股票分析都是基于这一理念。然而，这不一定意味着有效市场价格就能充分反映出真实股市中近期将发生的事情。通常当前市场价格总是会让市场的表现出人意料。

2. 有效市场假说应该能增加投资者对股市的信心。如果你认为股票价格很大程度上取决于基本经济活动，并且和机构和内幕者的操纵毫不相干，这是一件好事。正是因为我们坚信股票和当前以及未来经济活动有着紧密的关联，所以我们才会留在股市当中。

3. 从盈利角度而言，争论市场有效性的程度并没有多大意义。市场当然是有效的，因为它是市场基本元素形成的基础。但市场又不足以有效到能够预测未来股价。有些时候，价格操纵或市场结构问题会带来低效定价。我们认为这些因素可能会影响短期交易的决策，因而能反映出当前股市的状态。然而，大体而言，这些因素还是不能让我们确信股市是安全的投资场所。

四、正态分布

随机和高效并不足以说明证券定价，然而，大量信息定价于股票的概念是有用的，并且可以帮助我们理解整体正态的股市波动。

金融理论中不那么有用且具有破坏性的部分，就是将正态分布应用于未来收益结果，并使用这种模型来预测未来股价。追逐利润最大化的理性投资者，通常会通过公司的收益能力或预期收益来决定股票被高估了还是被低估了。在对未来的各种评估面前，投资者大多误入歧途或者损失资产。

在对未来一系列概率性事件的分析过程中，统计学家会在名为"直方图"的图表中展示分析结果。以抛10次硬币为例，如图6.2所示，在10次抛硬币的过程中，你可能碰到5次硬币头朝上以及5次硬币字朝上的概率，或者10次都是头朝上，或者你也可以自己排列组合头朝上和字朝上的概率。如果你重复这个动作100万次，就能带来一系列的结果。由于硬币头朝上和字朝上的机会各占一半，每一次抛硬币都相当于一次独立的事件。这张直方图呈现的就是正态分布，大部分结果都是头朝上和字朝上的概率各占一半。

抛硬币用一种通俗易懂的方式解释了概率性实验和图表结果。这种直方图呈钟形分布，呈现正态分布。纵轴指的是硬币头朝上的概率，横轴指的是10次中有几次是硬币头朝上。几乎所有人都认为硬币头朝上和字朝上的几率各占一半。因此，图6-2中最有可能发生的就是5次头朝上和5次字朝上。

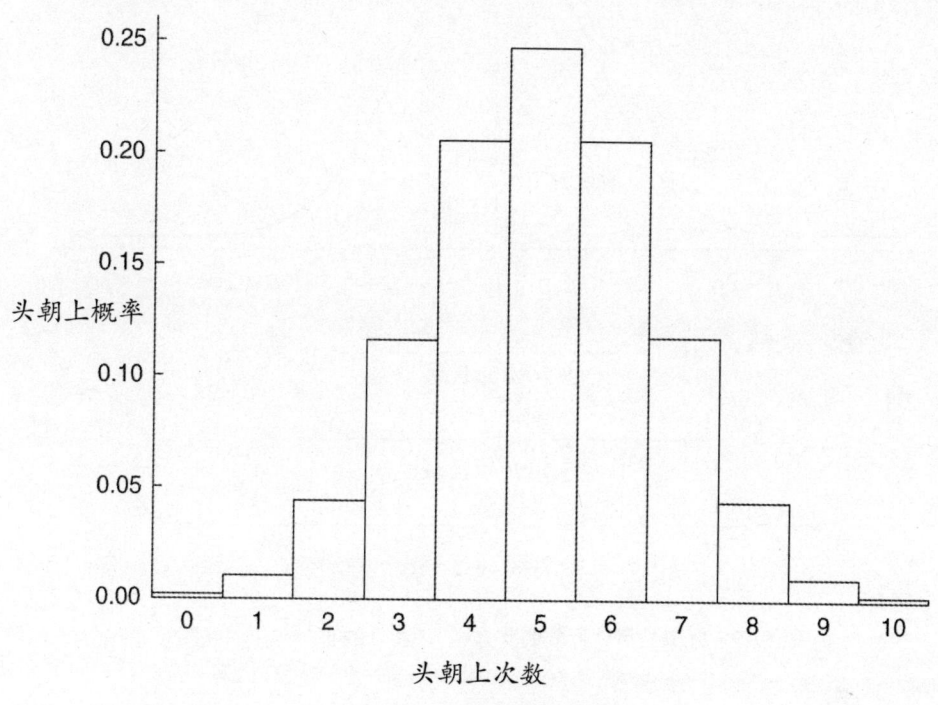

图6-2　10次抛硬币的结果

图6-3是正态分布的曲线图。相比起矮矮胖胖的柱形直方图，曲线图可以看出更多的观察结果。位于横轴中间的符号 μ 代表的是平均结果。σ 被称为西格玛，代表的是标准偏差。从该图中可以看到，在68.26%的时间里，实际数据会低于平均标准偏差为1的情形，而在95.44%的时间里，真实结果将包含在平均标准偏差为2的区域里。基本上所有的事件都包含在标准偏差为3的区域里。这就是所谓的正态分布。

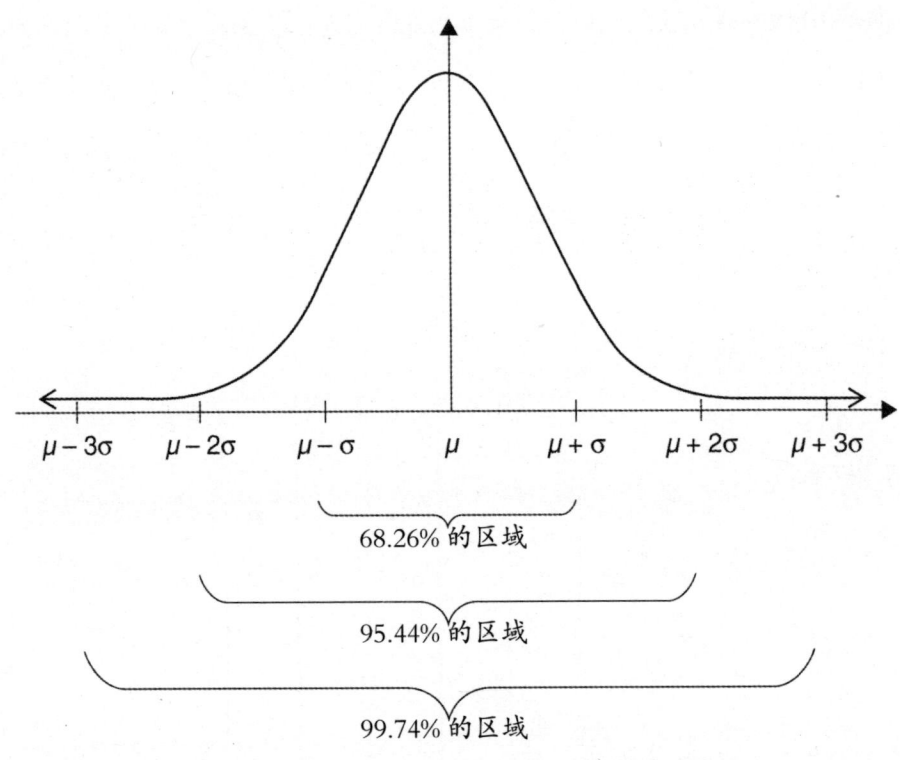

图 6-3 概率性事件标准偏差为 1、2 和 3 的正态分布曲线图

在自然世界中,物理学使用随机分布假说来解释各种现象。基于股价随机性的假说所构建的股市模型,一直是不太成功的随机分布模型。心理学有大量研究证明,人类行为内在的持续的偏见。亚原子粒子通常不会受到人类偏见的影响。约翰·梅纳德·凯恩斯于 1936 年提到这个观点,他认为大部分投资者的决定"只是一种动物的本能,只是想采取行动的一种内在冲动,而绝不是加权平均利益乘以量化概率的结果"(摘自 1936 年发表的《就业、利息和货币通论》)。

1987 年 10 月 8 日是一个星期四。玛丽亚和她的男友正在度假。玛丽亚是太平洋交易所的一名期权做市商。在出发度假之前,玛丽亚让她的同事帮忙盯着她的账目。玛丽亚的嘱咐是不要买入新的头寸，维持现有的反跨式头寸即可。这说明玛丽亚的账目基本上是 Delta 中性的，也就是说，行情看涨时买入的股票和买入的看跌期权的数目一样多，或者跌价时抛出的股票数目等同于卖出的看涨期权。

1987 年 10 月 12 日这一周里，做市商见证了买入看跌期权急剧增加的情景。当客户买入看跌期权时，做市商会卖出。他们现在处于认沽期权空仓，这说明如果股票在平仓敲定价时下跌，则做市商会面临极大风险。为了避开仓头，期权做市商会在跌价时卖出股票以维持 Delta 中性。

在 20 世纪 80 年代后期，计算机化的交易系统并不是那么成熟。每天早上，做市商会拿起打印出来的头寸报告材料，材料上显示着他们的净风险暴露（净 Delta）。依赖于正态分布假说的布莱克—斯科尔斯期权定价模型，让做市商清楚意识到平均标准偏差大于 3 的可能性为零。

1987 年 10 月 19 日，星期一。道琼斯工业平均指数下跌了 22.6%（508 点）。期权波动性（定价）急剧攀升。那些在过去一周内一直买进客户卖权，以及相信正态分布假说的做市商遭受重创。股市跌至看跌期权的行权价格之下，做市商所卖出的股票远远无法达到对冲损失的要求。对于那些相信正态分布假说的做市商而言，黑色星期一的危害来势汹涌。对于那些认为正态分布的人而言，黑色星期一被认为是一次标准偏差为 22 的事件。

玛丽亚度假归来时，她的投资组合中既有做空股票，又有做多看跌期权，她的逆差价账户在"黑色星期一"那一天涨了 900% 多。两年之后，她和当时一同度假的男友分手，嫁给了那位帮她盯着账目的同事。

1994 年，几个聪明绝顶的研究金融理论的年轻人聚在一起，创立了一家名为长期资本管理（LTCM）的对冲基金公司，其中迈伦·舒尔斯和罗伯特·C·莫顿这两位合伙人共享了 1997 年诺贝尔经济学奖，因为他们发明了一种全新的识别衍生产品价值的方法（布莱克—斯科尔斯模型），被认为是金融界的思想领袖。他们的计算机模型采用多样化的套利交易策略，充分利用美国、日本以及欧洲债券相关的固定收入套利。这些交易策略被应用在合并套利和标准普尔500的波动幅度上。

因为他们对概率性的正态分布充满信心，所以他们对基金中债务和权益的杠杆比例为25比1；此外，他们资产负债表外的利率掉期头寸的票面价值为12500亿美元。

1998年9月，长期资本管理基金崩盘了。美国证券市场处于前所未有的压力之下，以至于纽约联邦储备银行不得不筹集几十亿美元进行紧急援助，以防止金融市场的进一步崩溃。那时最大的担心就是长期资本管理公司的被迫清算会导致其他公司强制卖出的连锁反应，那将最终导致资产价格不受控制地恣意下跌（此种情景在2008至2009年金融危机的清算阶段中由于种种原因真的发生过，美联储不得不提供紧急援助基金，以支撑困境中的资产价格）。

长期资本管理公司之所以崩溃，原因之一是没有意识到不同情景之间的相互依赖。长期资本管理公司的模式本来认为是稳操胜算的，但是当某一种资产类别和其他未曾了解的事件产生关联性时，这种模式便注定了悲剧的命运。一旦不好的现象开始发生，不利结果的连锁反应将是令人惊骇的。一系列小问题会导致骤然而来的灾难，而这些问题在一开始时是难以预见的。

当长期资本管理公司破产后，诺贝尔奖获得者哈利·马克维茨（因创造了现代投资组合理论而闻名）和罗伯特·莫顿提到触发长期资本管理公司最终走向消亡的俄罗斯货币浮动是"10西格玛"事件，也就是超出预期10倍标准偏差。这些西格玛事件最好标准偏差为零。从图6.3中我们可以

第一篇
连胜与投资

看到 3 西格玛能够解释 99.74% 的事件。

这两位诺贝尔奖获得者的"有关基金是因为从未发生的原因而崩溃"的言论清楚地表明,专家们并不了解可能发生的结果的真正概率。真实的证券定价是非常复杂的,远非正态分布假说所能够解释。我们永远都不应该低估复杂系统所带来的多样化的结果。现代金融理论中的许多关键假说,都是基于不可知的波动性参数。

保罗·萨缪尔森在一篇名为《愉快生活下对现代金融理论的思考》的文章写道:"从我的经验来看,那些长时间成功的交易员通常都要面对一些风险。当局势对他们不利时,他们的选择模式就会发出声音:'预期利润依然会走高的。然而,那些精明的交易员会知道,只有当他们质疑这种模式时,预期利润才可能走高。到那时,他们就可以平仓,并安心地去钓鱼了。'"

买入并持有模式的主要倡导者之一说过,必然会有那么一些时候,最好的解决办法就是完全退出市场,尤其是当你立志于长期投资。

长期资本管理公司的普通合伙人忘记了交易中的一大关键原则:随时准备好犯错。只要某种模式预测出失败的可能性,即使这种概率微乎其微,你也依然应该认真评估这种可能性。在市场中存活的关键,是不要绑定某一个头寸。

如果标准普尔 500 指数在变化率为 20% 时的预期回报率为约 7%(长期平均回报率),正态分布会指出 68.26% 的结果将在 13%—27% 的范围内——标准偏差为 1;同时,评估随着时间推移正态分布下的标准普尔 500 指数时,还能预测出 95.44% 的结果将落入标准偏差为 2 的区域,也就是 −33% 和 +47%。

我们发现市场交易模式不能很好地对齐正态分布。大多数抛售的频率都比概率的正态分布曲线图上所指要高。

* 1987年10月的股市崩盘时一次21.6标准偏差事件——这种事件本应每1051年才发生一次。
* 1997年10月的亚洲货币危机，本应每30亿年才出现一次。
* 1998年9月的长期资本管理公司对冲基金的崩盘，本应每1021年才出现一次。
* 在1987年，在6个交易日里市场的波动基于至少5个平均标准偏差。在2008年，发生了18次类似的事件。因此，我们可以看出，除了要担心每日回报率西格玛事件，我们还得提防高西格玛的年份。

在过去20年的时间里，我们预测在18%的时间里，或者说每5年，将发生重大损失。

市场究竟什么时候开始走低，这是一个难解的谜，但是当你看到的时候也就自然会知道。股市自由落体应该和个股的属性没有太大关系，而是因为有一些宏观层面的糟糕现象发生，所有的股票都在运作以应对威胁。一种测量方法是查看标准普尔500指数每日上升或下降的数字。这个数字在一天之内很难超过400——一旦真的超过，说明市场正在集中运行。在1990年到2000年这段时间里，这个数字在一年之内有3次达到或超过400。在2012年5月28日的交易周内，我们看到了3次这个数字大于400的情况。

严重的市场下滑事件通常都伴随着恐慌，最主要的特点就是投资者们争相抛售。在投资者面对出资请求时，通常会发生强迫清算。强迫清算通常涉及快速加大的损失或提股（债务风险）和不增值的资产之间的失衡。

当恐慌开始蔓延，大部分概率性模型都无法应对大面积的卖出。严重的恐慌会带来一些正常交易周期不曾出现的因素。这使得恐慌性抛售更加难以预测。用来分析未来市场回报的分布的丰富数据，可能会使得恐慌性抛售的风险和压力被严重低估。

你也许听说过"尾端风险"。尾端指的是概率曲线上离中值最远的区域。尾端是分布曲线图中的一部分，通常概率值接近零，并且越是远离中值，越是会无限接近零。肥尾效应的概率值远离中值，远远超过正态分布中所指的横轴零位线。导致金融投资项目分崩离析的，通常是由于长尾事件没有被足够重视，在这些情景中，尾端风险将真的带来"肥尾"。

计算概率结果绝非易事，因为很难去了解促成可能结果的所有因素。即使和你所有的经验都背道而驰，但还是有可能在抛硬币时每一次头朝上之后的三次都做到字朝上。斯坦福大学的佩尔西·戴康尼斯教授证明，如果每一次抛掷硬币时用力均匀，每一次的下落也会相同。这说明如果可以控制力度的话，抛硬币就不一定会符合正态分布。佩尔西教授在开始研究数学以前，经常光顾并不入流的加勒比赌场，并从中发现了防止被骗的各种方法。

概率不一定是静态的，也可以是有条件的；换言之，真实场景中的概率通常不会是抛硬币时头朝上和字朝上的次数各占一半。在投资环境里，某一次事件可以改变下一次事件的预期结果的概率。通常，在带来连续上升或下降的危机中，常常能看到级联反馈回路。

在这个不断变化的世界里，预测概率日趋复杂。千变万化的环境会使得概率随着时间的推移不断发生新的偏移。如果我们今天满足于通过昨天的经验预测未来，概率本身不断演化的本质会让我们错过明天。

投资者常常忽略例外事件，因为离平均事件越远，假定正态分布的例外事件的概率就越低。正态分布容易滋生一种虚假的舒适感，让人认为生活的变化总是会在可承受的范围内。

如果你知道从1950年1月3日到2012年7月31日这段时间里，标准普尔500指数的平均每日回报率是0.03%，而标准偏差达到0.98%，你可能会认为这些结果和正态分布的中值和标准偏差相差无几，前者为0，后者为1。当市场波动远离中值时，你就会发现正态分布并不适用。

我们不忽略例外事件或假装它们并不存在，反之，我们坚定地认为投资者至少应该考虑肥尾效应对于市场回报的影响，并制订如何在市场下跌期止损的计划——仅仅一次不好的例外事件，就可能抵消你之前的所有收益。

我们已经描述了正态分布假说如何无法解释股票市场中难以预期的灾难事件。有一些聪明的金融学者就是因为没能正确地预测这些灾难事件，才在金融世界宣告失败。我们总结了以下几个容易带来股市灾难的趋势：

* 资产总是在快速流动的。当今美国市场超过半数的股票是通过计算机高速操作的。计算机化的操作能带来小额套利机会或者低价波动。这就是我们所谓的高频交易。骑士资本集团在2012年8月的两天之内损失了75%的股票价值，总值达到4.4亿美元，而这正是源于高频交易软件执行时出现的问题。那时候骑士资本集团的交易资产占所有高频交易清算总量的11%。
* 计算机化的交易程序可以加剧负面市场趋势。在过去10年的时间里，当高频交易没有出现时，交易是通过公开喊价的方式进行的，每一步都是人工操作的。所有的交易都是通过电话，由人工抄写，

并且传给其他人进行下一步操作、确认和清算。在每一步,都可以人工识别出重大问题。随着当今高频交易的诞生,交易已经实现电子化的订单录入和执行操作,无需人工干预,因而也减少风险控制。当出现市场恐慌或者其他非预期情况时,计算机会加快恐慌的步伐。2010年5月16日,道琼斯工业平均指数在一天之内下跌9%,这正是由于计算机化交易的失控所致,这也就是大家所熟知的"闪电崩盘"。

* 世界金融市场日趋紧密的相互关联,增加了当今美国股票大幅波动的危险。在大型跨国银行操控着资本流动的金融部门里,这点体现得尤其明显。不久之前,希腊违约并不会对世界股票市场带来什么影响,但今天,正因为希腊和欧元的紧密关联,希腊债务带来的违约和贬值对17国的欧元造成重大的负面影响。欧元区的不确定使得经济形势急转直下。欧洲经济的下滑,减少了从中国和美国的进口。除此之外,欧洲银行面临潜在的资产负债表贬值,这要求更高的核心资本比率来保护这样一次恶性事件。美国银行和欧洲主权债务以及欧元都有紧密的关联,因而需要采取防御性措施。希腊的经济总量并不大于美国密歇根州经济总量,但希腊经济衰退带来的影响,却导致全球经济发展发生滑坡,并可能带来货币和债务危机。

* 俄罗斯、希腊、西班牙、冰岛、葡萄牙、爱尔兰、意大利、法国、非洲、OPEC、中国、日本等,都可以在几分钟内对美国市场造成冲击。不仅跨国资金交易速度更快,不同资产类别的流动速度也加快了。现在对冲基金的可管理资产达到两200万亿美元。对冲基金几乎可以买入或卖出所有资产类别。对冲基金通常是激进的,

通过跨国和跨资产类别的交易寻找套利机会。在媒体报道中，这些类型的交易总是被称为"套利交易"。当几十亿美元的对冲基金无法实现套利时（比如长期资本管理公司陷入危机），美国股票市场就会遭遇巨大挫折。

* 金融市场继续加大日趋成熟的衍生产品的投资，这种投资方式能增加交易的杠杆率。杠杆率的增加导致更大的波动性。如果你使用了杠杆，价值中细微的变化也可能带来巨大的影响。当你的杠杆率从2∶1到40∶1再到150∶1时（2008年的房利美和房地美公司），局面将不可收拾。再考虑到投资者通常并不了解这些新型的投资方式，且市场中这类交易的能见度不高，交易的波动性就更大了。

基本股票期货交易动作通常会否定对个股的正态分布假说，这可以作为一个实例来说明衍生产品是如何去扭曲预期股价的。期权交易时，期权做市商通常会以Delta中性为基础来交易股票。因为期权合同在到期之前大多是开放的，所以做市商会持续调整股票持有量，以确保在股价变化时保持Delta中性。事实上，保持Delta中性会使得期权做市商不停地买入或卖出股票，来对冲账面上的开放的期权头寸。保持Delta中性可以让做市商获得期权的权利金，而这就是做市商盈利的源头。

这种做法叫"压路机前捡硬币"。如果这一切运行正常，做市商就可以靠捡硬币积累收益。但如果风险管理做得不够好，当股票发生意料之外的重大波动时，没有保持Delta中性状态会给做市商带来损失。因为做市商有净暴露的持仓，一次损失就可能会让他们几年来的财富积累输个精光。因为外出度假，玛丽亚幸运地躲过了1987年10月19日的"黑色星期一"。

股票价格的变化会骤然改变附加价值,这取决于开放合约是否针对某一只股票。比如,如果某一只股票有许多开放的卖权合约,且该股票开始下跌,做市商可能会卖空该股票的大量份额来维持 Delta 中性。做市商的对冲行为会引起股价的加速下跌。这种期权加速因素可以很好地解释股票为何会突然连续上升或者下降,以及股市中的这些事件为何不是相互独立的。图 6-4 是 2012 年 8 月 17 日易安信(EMC)股价概率曲线图,数据来自当时的期权未平仓量合约。因为做市商卖出大量开放的看跌头寸(客户买入易安信看跌期权)以及做市商买入大量开放的看涨头寸(客户卖出易安信看涨期权),易安信股价稍有下跌就会加速下滑。注意,概率最高的事件是这样的,价格只要稍稍跌破白线,也就是当前股价,之后就会一下跳到较低的位置。

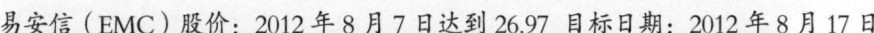

易安信(EMC)股价:2012 年 8 月 7 日达到 26.97 目标日期:2012 年 8 月 17 日

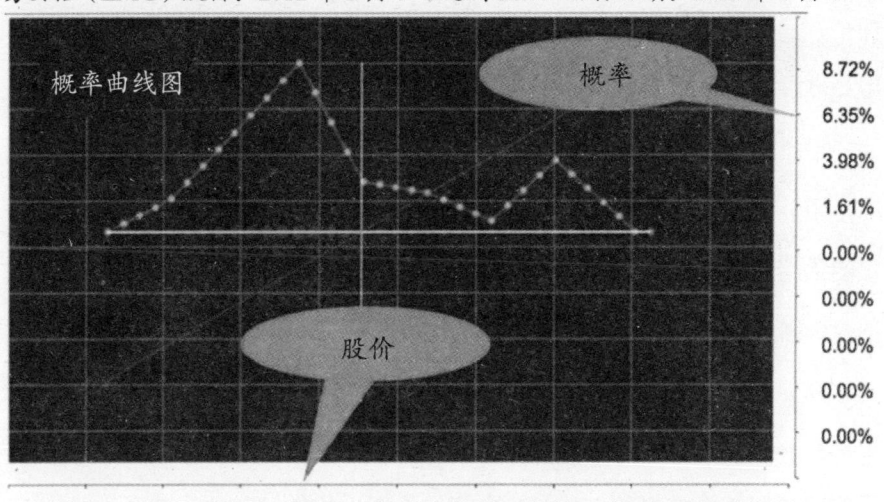

图 6-4 易安信(EMC)股价概率曲线图,来自 2012 年 8 月 7 日期权未平仓合约数据

正态分布假说可能是金融领域最具误导性和最危险的假设之一。

五、关联性和现代投资组合理论

关联性被用来评估某一资产和其他资产之间的关联，关联性的取值范围为 1（完全正相关）到 –1（完全负相关）。如果不同资产上升或下降趋势一致，关联性的值为 +1。如果同样数量的不同资产呈相反方向发展，关联性的值为 –1。如果资产随机变动且彼此之间毫无关联，关联性的值为 0。

关联性是通过多元化获得资产保护的基础。如果走势不同的各类资产，也就是说关联值不是 +1 的资产，被放进一个投资组合，该投资组合的整体波动性就会下降。如果某一种资产价值上升而另一种资产价值等量下降，则整体投资组合的净效应是不变的。如果不相关的资产具有相同的预期回报，投资组合可以低风险地达到预期回报的目标。

哈利·马克维茨在 1952 年发表的一篇文章中首次提出了现代投资组合理论（MPT），并于 1959 年更新该文章。该文章介绍了最佳投资的有效边界。现代投资组合理论的核心，是将一组具有关联性的多元化资产组合起来，形成一个风险最小且预期回报最大的投资组合。你也可以设定预期回报的水平，并使用现代投资组合理论来决定哪些资产的组合可以以最小化的风险达到设定的预期回报。通过使用固定的风险水平来达到回报最大化的方式，能让你的投资组合处于"有效边界"。图 6-5 就是一个有效边界的例子。

在投资组合中有效使用关联性来进行风险管理的前提，是通过分析历史回报率来获得不同资产类别的关联性的准确评估数据。图 6-6 列出了不同资产类别和标准普尔 500 指数之间的长期平均年波动性和关联性。EAFE（摩根欧澳远东指数）代表的是由摩根士丹利所汇编的一个指数，反映在欧洲、澳大利亚和远东交易的股票情况。注意，标准普尔500指数本身的关联性为1。

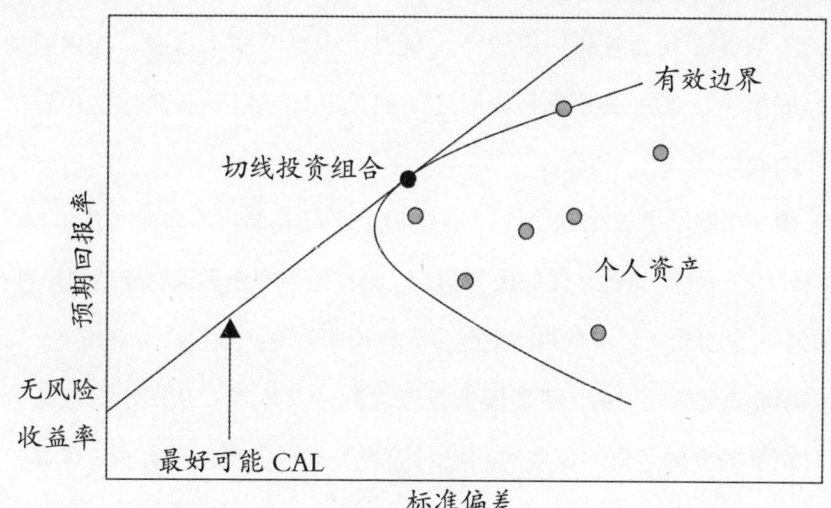

图6-5 有效边界（数据来源：基于彭博公司的数据计算得出）

	每年波动	与标准普尔500的关联性
标准普尔500	21.4%	1.00
债券	4.0%	-0.26
商品	25.6%	0.22
7到10年国库券	6.9%	-0.33
新兴市场	21.1%	0.43
远东市场	19.5%	0.46

图6-6 长期资产类别和标准普尔500指数的关联性

（数据来源：基于彭博的数据进行计算。表中所展示的数据为过去的数据，并不代表未来的收益。参考的指标为非托管型，不用于直接投资。结果随时间段的不同而不同。指标回报率并不反映任何管理费用以及交易成本或支出。要了解代表性的指数信息，请查看附录）

关联性随时间的推移而变化，因此关联性是很微妙的，尤其在经济危机时期，关联性会有很大变化。我们所提到的关联性不仅包括股票之间的关联性（成长股和价值股，大盘股、中盘股和小盘股，国内股票和外国股票），也包括股票和债券之间的关联性，以及和其他各种资产类别的关联性。

图 6-7 展示了 2009 年 1 月 7 日世界上不同股票市场和标准普尔 500 指数之间的关联性。请记住关联值若为 +1，则这两种资产类别的变动同步进行。从图中可以看出，经济危机时期的多元化给所有资产类别都带来损失。

图 6-8 展示了 1926 年美国大盘股之间的关联性。从图中可以看到不同时期下的金融危机。这些时间点对应着关联性的增加。有意思的是，欧洲主权债务危机导致关联值在 2011 年 9 月升到历史上最高点。市场交易的趋势越来越倾向于整体组合交易，而不仅仅是一些独立的证券，这部分缘于指数和交易型开放式指数基金的大量使用。

一年收益相关性	（以先锋股票基金为例）截至 2009 年 1 月 7 日		
资本类别	共同基金	VFINX 相关性	替代 ETF
标准普尔 500 指数	VFINX	1.000	SPY
全美指数	VTSMX	0.999	VTI
除美国世界指数	VFWIX	0.940	VEU
远东指数	VDMIX	0.935	VEA
欧洲指数	VEURX	0.925	VGK
太平洋指数	VPACX	0.910	VPL
新兴指数	VEIEX	0.854	VMO

图 6-7　经济危机时期的整体股票波动；截至 2009 年 1 月 7 日不同股票回报指数的一年期关联性（数据来源：www.QVMgroup.com）

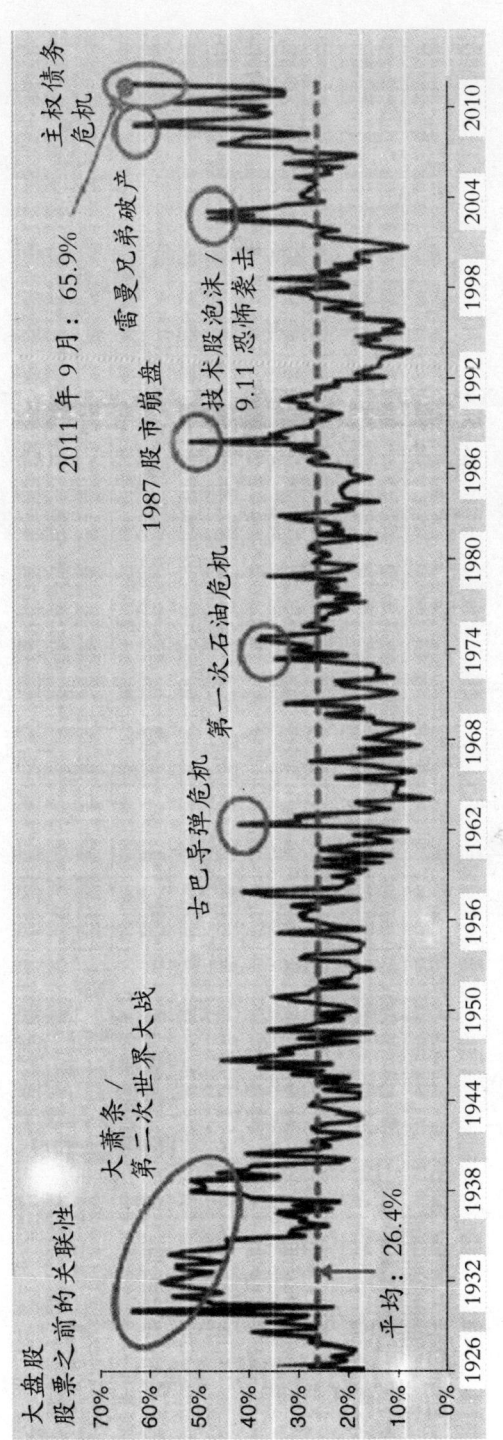

图 6-8 股票关联性的长期图表；2011 年 9 月关联性到达史上最高点（数据来源：摩根大通资产管理公司）

从图6-8中可以很明显地看出，通过多元化投资来降低整体投资组合的波动性，有时是奏效的，但当股票波动时正向关联性的值也很高时，这种方式是行不通的。在经济危机时期，因为风险资产的关联性值达到+1，所以多元化投资的优势基本上难以体现。

在经济危机中，恐惧是最主要的情绪。消费者的信心骤跌，经济活动也因而大幅减少。不仅股票因为宏观力量整体下跌，债券也会整体受到影响。在2008年至2009年的金融危机中，公司债券值随着违约风险的增加而直线下降。美国国债因为货币抛售避险而增值了。债券和股票资产类别的多元化可能无法为你的投资组合提供应有的保护，具体取决于你的投资组合中所持有的债券类别。

在投资组合中融合非关联性资产是现代金融理论中风险管理的核心理念，从数学的角度来看，这种理念无疑是对的，但问题是关联性会随着时间的变化而变化，并常常在错误的时候达到关联值1。

六、资本资产定价模型

威廉·F·夏普创造著名的资本资产定价模型（CAPM）时，正在洛杉矶加利福尼亚大学专研他的博士论文，他阅读了马克维茨的《投资组合选择》。尽管马克维茨提倡使用多元化组合来降低风险，但是他并没有为投资者提供一种确切的方法，来评估不同资产之间的运作方式和相互关联。

夏普在资本资产定价模型中创造了一种直接看待风险和回报的方式。根据资本资产定价模型，每一份投资都携带着两种特殊的风险：一种是市场风险，夏普称之为系统风险，这种无法被多元化的风险后来被称为贝塔值；第二种风险指的是和某一公司财富相关的风险，是一种非系统风险——因为这种不确定性可以通过多元化来规避，所以资本资产定价模型认为投资组合的预期回报只取决于贝塔值，也就是和大盘的关联。资本资产定价模型有助于衡量投资组合的风险以及投资者承担该风险的预期回报。

资本资产定价模型所提供的一个重要观点是，高预期回报率取决于在经济不景气时所承担的风险。在经济上升期，贝塔值高，预期回报率就会比市场投资组合的回报率高。在经济不景气时，则截然相反。你可以把估计的风险和回报的关联性存进电脑，并找到有效投资组合。这种方式能让你基于固定的风险水平获得更多的回报，或是基于固定的回报减少风险。

尽管资本资产定价模型试图降低股票风险，但依然难以解决老大难的问题：持有股票的风险。总会有那么一些时候，关于风险管理，你唯一能做的就是卖掉所有的股票。这本书想要传达的核心观点就是抓住盈利机会和及时止损。

使用买入并持有模型和资本资产定价模型的原理进行风险管理的一大复杂性，在于你的投资时限。如果你的投资时限长，你遇见股市下跌期的风险就会加大。收益和损失是不平衡的。50%的损失需要100%的收益才能得以恢复。如果宏观经济条件下股市回报每年降低，包括政府债务的高水平，那么避开股市下跌期就显得更加重要了。因为我们的投资时期是有限的，我们不一定有足够的时间赢回下跌期时损失的所有资产。

1998年接受乔纳森·波顿的采访时，威廉·F·夏普被问这样一个问题："您毕生研究股市风险，那么您认为今天的投资者对股市下降趋势保持足够的关注度了吗？"

夏普回答："许多个人投资者在做出投资决定时，显然并没有准备好。做出投资决定是复杂的，比方说，现在有8000个共同基金，或者说有10个基金吧，做正确的事情是远远不够的。无论是电脑中给出的建议还是人为的建议，都有忽略风险的趋势。这些建议让你每年获得9%的固定回报率。

你直到生命的尽头都处在这样一个模式中。一切都注定了。如果在做股票、债券和现金的分配以及储蓄多少的决策时，完全不考虑非确定因素，更不预测这些非确定性因素，在我看来，那简直荒谬至极。"

现代资产组合理论，也就是有效边界，和资本资产定价模型约束着个人投资者在所有市场状态下的股票持有。衡量任何假说的真正关键点在于时间。随着时间的流逝我们能发现，买入并持有理念在绝大部分股市历史中并没有发挥作用。

七、市场投资组合

现代金融理论假设资本是自由流动的，并发现不同股票之间以及不同股票、债券和其他投资资产类别中的最佳平衡。基于所有投资者的集体输入，各种流动金融证券以最佳比率呈现投资组合。整体投资比率被称为市场投资组合。

因为市场投资组合被认为是基于平均风险容忍度的市场有效资本分配，所以该理论认为这种平衡应该是一个基准。经济学家们会告诉你，将当前情况和未来预期因素考虑进去，市场投资组合代表着每一种资产类别的风险和回报的整体预期。如果你不考虑这种分配平衡，该理论会认为你是在做市场择时。

我们有充足的理由相信，资本并不完全是自由流动的。认定资本流动有限，就更无法认同市场投资组合是最有效的投资组合的理念。在本书第8章、第9章和第20章中，我们探讨了共同基金行业的当前状态。有了风格箱、费用结构、401（k）投资限制等，我们完全有理由相信市场投资组合并不是自由流动的资本市场寻找优化的结果。

现代金融理论认为，如果你低估或者高估了市场投资组合，多元化的程度会减少，且对投资组合中现有资产类别带来影响的经济事件会增加。从定义上而言，这种观察是正确的，且可能带来你所期望的结果。

八、投资组合优化

现代金融理论被整合到投资组合优化软件中，许多大型金融机构都使用这种软件。蒙特卡洛模拟是一种投资组合优化的模型，通常成熟的金融公司会用这种模型来分析当下的某种资产在未来拥有某种特殊价值的可能性。计算机化的模拟程序可以用来测试成百万个场景，并能提供一系列概率性结果。

蒙特卡洛分析被用来研究成果具有随机事件特征（随机进程）的情景。在 1905 年，阿尔伯特·爱因斯坦写了一篇论文，提到他使用概率分析的方法来看待随着时间推移而不断变化的悬浮颗粒物——不仅许多研究原子弹的科学家使用这种分析，经济学家们也借用该分析来解释股票价格。

这种分析从时间流逝的角度来看待一系列可能的结果（样本路径）。比如，如果你对标准普尔 500 指数投资了 10000 美元，随着时间的流逝，这笔投资的价格会有一个概率值。如果你几分钟后或者几天后看待这笔投资的结果，相比起预期结果，回报和当前波动性会有更大的关联。如果你 10 年后来衡量这笔投资的结果，基本上就等同于真正的回报了。蒙特卡洛是具有时间依存性的。在短期范围内，你能看到的只有波动性。在长期范围内，你可以衡量预期回报。

蒙特卡洛分析还可以用来比较几千份甚至几百万份样本路径。如果 10000 美元的投资在 10 年后的预期价值是 15000 美元，但是样本路径的范围是 10 美元到 50000 美元，这种情况下，你会更倾向于选择同样的预期价值但是样本路径的范围是 9000 美元到 16000 美元的投资。

计算机建模和蒙特卡洛分析所面临的问题是，因为分析是基于成熟的建模和强大的计算机运行能力，所以人们会过于相信输出结果。基于建模的投资预期回报主要取决于蒙特卡洛模拟软件对不同投资类别在不同经济状态下精准概率的编码。尽管计算机模型结果看上去令人印象深刻，并且数据精确，但是无用输入决定了无用输出。

你可能在想，为什么许多使用先进的现代金融理论并通过计算机进行优化的资产管理公司都表现堪忧。加利福尼亚的公共雇员退休制度管理着约2330亿美元的资产，截至2012年6月30日财政年获得1%的回报率——这1%的回报率远未达到7.5%的预期回报率。现代金融理论认为，这种结果在预期回报的范围之内。表现不佳已经是一种混乱的状态，而不仅仅是一次性的事件，这是唯一的困难之处。随着时间的推移，真实的表现告诉我们，模拟模型错误的输入会抬高预期回报。

九、结论

现代金融理论的主要结论是：买入并持有是最佳股票持有策略。在完全高效的市场中，未来股价和当前股价完全没有关联。任何时刻的当前股价都能反映出所有相关信息。因为股票价格是不可预测的，所以没有什么市场择时的办法能够优于买入并持有模式的业绩表现。如果市场下跌，投资者只需耐心等待，因为价格总有一天会反弹的。到目前为止，这种观点在过去115年的股票历史中大部分时间都是正确的（纳斯达克在2000年达到顶峰），但是不幸的是，这个时间跨度大大超越大多数人的寿命。

当你使用买入并持有，你要买入并持有的证券的比率一定等同于市场证券的比率。举个例子，如果苹果公司是最大的股票公司，苹果的股票份额和所有股票的同等权重相比是不成比例的，那么你应该能和市场权重严

第一篇
连胜与投资

丝合缝地匹配上。

尽管我们在这一章中没有直接讨论费用的影响，但是仿效市场投资组合的买入并持有策略的特点就是低费用。和市场相关的表现会随着费用增加而不断下降，因为投资策略归根到底就是市场回报减去费用。我们将在第20章给出更多的信息，但是要注意的是，如果你是一名被动投资者，费用是非常重要的一个考虑因素。

我们猜测如果你在过去12年中使用的都是买入并持有策略，你一定会对投资结果极其失望。从跨进21世纪的门槛那一刻开始，买入并持有股票就比长期平均回报要低。在通货膨胀调整时期和21世纪的头12年里，标准普尔500指数的绝对回报是下降的。等到你必须从投资中提取资金出来支付养老或者其他主要支出，那就是12年后的事情了。

在1998年，沃顿商学院金融学教授杰里米·西格尔出版了一本名为《股史风云话投资》的著作，他在书中提出，从1912年到1998年6.6%的平均年回报率是投资者可以依赖的稳定回报率，他还举例说明在任何一个10年的时间里，股票能比其他的资产创造出更好的投资回报。

西格尔的著作出版时间正逢从1982年到2000年这场牛市的尾声。牛市过后，大家都坚信他所提出的6.6%的稳定年回报率。事实上，许多个人投资者都认为股票的市场回报率可以持续在12%—14%。随着股票的蓬勃发展以及投资者对于股票投资的兴趣达到历史最高点，西格尔的这本投资书籍迅速跃升进入金融书籍的畅销排行榜。

作为一名作家，西格尔的择时实在太成功了。然而，成千上万购买这本书的投资者却一败涂地。到2012年底时，如果你将10年前、20年前和30年前的股票回报率与长期美国国债进行对比，你会发现债券比大盘股市表现要好。在真实世界中，高风险的股票不一定会为投资者带来超额回报。

亿万富翁比尔·格罗斯，也就是太平洋投资管理公司的合伙创始人之一，在2012年8月的投资者新闻周刊中发表意见，他认为股票投资者的长期回报率不应超过6.6%。格罗斯将盲目相信6.6%平均年回报率的投资者比喻为狂热的宗教信徒，也就是"股票信徒"。格罗斯说："如果财富或者真正的GDP在1992年至1998年的时间里只在年回报率为3.5%时产生，那么股东必须每年从3%的股票中挑选股票。如果GDP只能提供每年高于3.5%的产品和服务，那么部门（股东）如何能够持续从其他类别（贷方、劳动者、政府）中受益呢？"

他回答了自己提出的问题，他认为股东所创造的额外回报部分源于自20世纪70年代以来工人在40年间人工费率的下降。如格罗斯所言，劳动力的投入会带来资本的输出。大部分人工费率的长期下降，都是因为劳动力市场的全球化以及工作外包给更廉价的劳动力市场。在公司税率达到30年来史上最低点时，政府还会对股票持有者提供帮助。

格罗斯给出的观点是6.6%的平均年回报率不能无限继续。如果股票继续以3%的增长率上升，并比整体经济高（假设平均长期GDP增长率是3.5%），那么股东们不仅份额比例失调，还会损失大量资产。"份额"的持有者使用简单的"72法则"，每24年使优势翻倍。在未来100年的时间里，"份额"持有者的收益会比那些决定逃离股市的怀疑论者高出16倍。

太平洋投资管理公司的首席执行官和联席首席投资官穆罕默德·埃尔·埃利安对格罗斯的理论进行了深入的阐述。在2012年8月21日股市开盘之前，他在美国CNBC的采访中提到："股票狂热正在减退。"埃尔·埃利安认为比尔·格罗斯的研究中有以下几点特别重要：

* 股票投资者必须更灵活地捕捉未来的股票收益。如果投资者期待看

到和 1912 年至 1998 年间旗鼓相当的回报，采取买入并持有策略只会让他铩羽而归。

* 股票投资者必须更好地使用风险管理——在这样一个增值缓慢的股市中，重大损失很难恢复。
* 股票投资者必须寻找创造阿尔法值的策略。阿尔法主要指的是在超额市场回报的情况下由资产经理做出的决定所创造的回报。

通过把点连成线，并且说明投资者应该寻找创造阿尔法的策略，埃尔·埃利安明确提出，认为有效市场无法预测是一种误读——真实情况是，市场是可预测的且高效的，关键是要意识到投资者风险溢价在不断变化。如果某一个投资者了解风险溢价和股票价值之间的关系，就可以使用战术性资产分配策略来提高投资回报。

诺贝尔经济学奖获得者保罗·萨缪尔森在提到现代金融理论时说道："我为那些有影响力的成功的操盘手提供宏观经济学观点，尽量避免对他们的影响。大部分这样的观点都已经在昨天和今天的市场中奏效。那些明星交易员们，如布鲁斯·卡夫纳和保罗·图铎·琼斯，都非常熟悉当下金融报道中的内容。要维持他们的正向阿尔法，就需要集中的前卫先锋的科学经济发明创造。"

文艺复兴科技公司（亿万美元规模级对冲基金，参与短期量化交易，费用达到资产的 5% 和总收益的 44%）的詹姆斯·西蒙如果看到股票不可预测性的观点，一定会笑掉大牙。自 1989 年以来，不计算费用，公司的 50 亿美元的大奖章基金，在扣除交易费用后，平均年化收益率能达到 35%。高盛投资公司的高速计算机交易团队也对现代金融理论嗤之以鼻。沃伦·巴菲特和哈佛大学、耶鲁大学、普林斯顿大学以及斯坦福大学的捐赠经理们，也一样不看好现代金融理论。

在这本书中，我们要为你呈现与众不同的观点。我们要为你展示那些投资者没有充分考虑到的影响，以及他们因而做出的错误决定。

这一章包含了本书中最难的内容。下面，我们开始探索现实生活中的事件以及参与连胜并避开连败的具体方法。

第 7 章 迈克的故事

迈克在他人生前三分之一的时间里学会了日后所需的一切知识,但直到人生最后三分之一的时间里才把这些知识付诸实践。迈克生于美国匹兹堡,他的父亲是一名货车司机。他的父亲和叔叔合开了一家小型货运公司,两人都开货车,他的父亲负责公司的主体运营,而他的叔叔负责卸运工作。

这听上去是一个再普通不过的故事:一个出生于匹兹堡的货车司机的儿子在华尔街发财致富。但其实不然。迈克的货车司机老爸可不是墨守成规的人,他最大的乐趣不是那些只图一时痛快的消遣,而是炒股。他就像是一位炒股的传道士。同时,他也很享受开办一家货运公司带来的福利,比如成为当地高尔夫乡村俱乐部的会员。一旦他有空闲时间,就会向迈克侃侃而谈股票投资和高尔夫球给他带来的快乐。

迈克大部分的闲暇时光不是在高尔夫球课堂中度过,就是在金拉米纸牌俱乐部里。某种程度上而言,迈克的少年生活和本书第 1 章中的索尼非常相似,只不过索尼玩的是网球和西洋双陆棋,而迈克玩的是高尔夫和金拉米。迈克和索尼一样不仅擅长体育,而且很早就建立了自己独有的赌博规则。20 世纪 50 年代中期,迈克才刚刚 10 岁出头时,他就已经能和身边任何一个人玩金拉米纸牌,并且还是赌钱的。正如他自己所说,如果不赌钱,那么金拉米纸牌玩得也就没意思了。他玩高尔夫球也是一样。在迈克 12 岁的时候,他通过玩金拉米纸牌和高尔夫球赢来的钱,足以开一个银行账户，更重要的是，这段经历培养了他对数字和投注极为敏锐的感觉。

当迈克向父亲咨询如何开银行账户时，得到的建议是不要去银行开账户，而是买股票。在经历了20世纪30年代的大萧条之后，股市一直在走高。尽管直到1954年股市才重回1929年的高度，但对于那些从1933年及之后开始买进的人而言，股市呈现出的是友善的姿态。20世纪50年代末和60年代初，在迈克继续锻炼他的高尔夫球技和金拉米纸牌技艺的过程中，股市一路走高。

迈克买入的第一只股票是AT&T，因为这家公司的股息收益率比银行提供的利息高，且AT&T还曾经增加过股息。通过从父亲那儿学来的股票知识，迈克很清楚他要选择的股票应该提供安全的本金、收益率。AT&T恰好符合所有这些特质。

迈克进入高中时，他在金拉米纸牌和高尔夫球上赢来的钱从几百美元增加到几千美元。他的下一只股票是怀特汽车公司。这家卡车制造商的运营历史是1900年到1980年。迈克1965年从俄亥俄大学毕业时，怀特汽车公司的股价翻了三倍，AT&T公司的股价翻了四倍。迈克对股票完全着迷了。他唯一想做的事情就是炒股。然而，那时的迈克认为能够在华尔街工作的人一定是富人子弟，而且拥有许多愿意立即成为客户的富人朋友。因此迈克集中精力学习会计，将此作为他的又一大特长。

20世纪60年代中期，匹兹堡的Singer, Dean&Scribner市政债券所正在招聘销售人员。他们去俄亥俄大学招人，岗位要求很明确，就是需要像迈克这样的人选。对于迈克而言，这如同一根点亮前方光明大道的魔法棒。Singer, Dean&Scribner市政债券所的选择说明，像迈克这样并没有优越家庭背景的年轻人，父亲只是一个普通的酷爱高尔夫球的股票爱好者，也同样可以在华尔街找到自己的一席之地。然而，由于越战征兵，迈克的华尔街之旅不得不暂时搁置。

结束军队服役期之后,迈克终于成功开始他在华尔街的第一份工作,位于华尔街19号的布莱斯公司。布莱斯公司提出让迈克在后勤部门进行为期一年的培训,每月支付450美元的工资。对股票的那份热爱让迈克毫不犹豫地答应下来。在他看来,在布莱斯工作的机会等同于获得金融专业的硕士学位。

那时,布莱斯公司是华尔街最大的证券交易公司,操盘手甚至都害怕去洗手间,因为他们害怕只是离开岗位那么一小会儿的时间里就会有其他人抢先拍板成交或接受报价。在20世纪60年代,操盘手的动作一定要快、准、狠。公司非常忙碌,完全没有时间关注后勤部门的培训工作。

1965年,根据美国商业部调查署的统计数字,平均美国人一家的年收入是6900美元。就在这一年,迈克看到公司里一个叫罗杰的中间经纪人以每股4美元的价格买入了10000股。股价上升到180美元时,罗杰的账面收益达到176万美元。这件事给迈克带来极大的冲击。迈克手头的工作无法让他真正走进华尔街。他对股票的热爱埋得更深了。

不久,迈克就结束了坐在纽约布莱斯公司的后勤室里接受培训的日子。他需要的是实际操作。不到一年的时间里,迈克回到匹兹堡。布莱斯公司在匹兹堡为服务对象梅隆银行专门设立了一个代表处。就在匹兹堡代表处,迈克走出了后勤室,开始做账,进行投资交易。在接下来两年半的时间里,迈克开的账户比公司里任何一个人都要多。

迈克在布莱斯公司的业务表现很好,但是,就像华尔街经常发生的情况一样,迈克的职业遇到了瓶颈。在华尔街这个地方,没有人会花时间关心你的职业发展。华尔街公司里有经验的职员都懂得快速高效地充实自我。如果新手们不明白如何找到属于自己的位置,他们就不适合华尔街。迈克当时的直接主管只知道一只股票：纳尔克化学公司。意识到这种情况后，迈克毅然决定回到纽约大展身手。

投资银行经纪公司霍恩布洛尔·威克斯公司愿意试用迈克6个月。这就是华尔街公司找到合适人选最常采取的方式。迈克同时也去雷曼兄弟公司面试了，但是雷曼兄弟公司的应聘人员看起来不好对付，迈克觉得不要说6个月，就算是6周，也会是一场折磨。那时是1969年，迈克还是没挣到什么钱，尤其是基于华尔街的标准而言。

一回到纽约，迈克就重新捡起了高尔夫和金拉米纸牌，这两样熟悉的东西带来的快乐能让他的生活更加完整。他加入的第一家俱乐部是罗克兰乡村俱乐部。就是在这儿，他遇见了《纽约时报》的一位广告推销商。这个人告诉迈克，翼脚高尔夫球俱乐部正在招纳新的年轻的高尔夫球成员。迈克东拼西凑了2500美元作为会费，加入了该俱乐部。

迈克通过在高尔夫球场上的表现形成了重要的人际关系网。他遇见了一个叫麦肯齐的人，在扣件制造厂商工作。麦肯齐告诉迈克他有8个经纪人。迈克建议他真正需要找的是一个理财经理，而不是第9个经纪人。麦肯齐听取了建议，最终向霍恩布洛尔·威克斯公司的投资理财团队投了100万美元。

自那之后，迈克的事业发展一路凯歌。他作为一名经纪人的收入和影响力不断上升。如同许多刚到华尔街的毛头小子一样，迈克急切地渴望快速发展自己的事业。是时候更进一步了。那时是1973年。迈克跳槽到Newhard Cook公司，公司允许他拥有密西西比河以东的所有账户。Newhard Cook公司的总部设在密苏里州圣路易斯市密西西比河以西。

和迈克一起从霍恩布洛尔·威克斯公司跳槽到Newhard Cook公司的，还有他的经纪人同事霍华德·赫伯特。赫伯特从1971年开始在市场择时服务领域工作，痴迷于研究相对强度高的股票，并运用计算机编写出大约

4000只股票的相对强度统计数据。1973年,他将这个系统展示给迈克看。

赫伯特展示给迈克的,是一种在牛市发现相对强度高的股票的能力。迈克早已痴迷于股票盈利带来的快感,他发现赫伯特这个发现相对强度高的股票的研究成果甚至更加让人着迷。赫伯特的相对强度系统让迈克用一种规范的方法来评判4000只股票未来的市场表现。同时,相对强度系统还提供了MAC(移动平均线)模型来评判股市的整体状态,以识别牛市或熊市。MAC模型是最持久且最成功的市场时机系统,对投资成功能起到非常重要的作用,因此迈克不仅关注相对强度系统,也非常关注MAC模型。在华尔街实战中,正确做出买或卖的决定至关重要。要在华尔街占有一席之地,做出正确决定的比率必须高于错误决定。

此外,迈克在高尔夫球场上结识了一生的好友乔治·切斯纳特。乔治·切斯纳特是那个年代最成功的组合投资经理人之一,负责美国投资者基金会长达30年之久。根据《金融世界》杂志的报道,该基金会从1958年1月16日到1964年3月31日的回报率达到了160.5%,同时期道琼斯工业指数的回报率是82.67%。

许多人都将乔治·切斯纳特视为相对强度之父,他是蒙塔纳大学的一位化学工程师,通过计算出20个独立产业的股票曲线的斜率得出1000只股票的相对强度排名。股票当前的流动资产越多,则权重越高。在对比某一组中每只股票的价格表现之后,他会根据股票与整组相比的相对价格强度对股票进行排序。他个人倾向于使用IBM大型计算机来进行这些计算。1956年,他开始在《美国投资者服务》周刊上发表文章,展示1000只股票和90个独立产业组的相对强度排名。在最高峰的时候,大约10万名读者每年花250美元的费用订阅了乔治·切斯纳特的新闻周刊。新闻周刊一年的收入达到2500万美元。

赫伯特将乔治·切斯纳特视为重要的思想领袖。在20世纪60年代早期，飞机行业正经历着从螺旋桨飞机到喷气式飞机的演变。机构投资理财经理们对这个行业不感兴趣，他们绝大多数都只关注过量持有的蓝筹股。基于对相对强度的研究，乔治·切斯纳特从1960年到1968年在飞机行业投了25%的基金，此外，他在施乐公司（相当于60年代的"苹果"公司）也有很大一部分股票。这一时期基金的表现非常稳定，没有人怀疑牛市中相对价格股票的作用。

牛股的表现通常会持续强劲。连胜是持久的和可预见的。同样，表现不好的股票通常会持续低迷。乔治·切斯纳特的股票管理系统的理念，正是从表现最好的产业中选择表现最好的股票。他完全不关心华尔街的研究。在1980年一篇名为《机构投资者》的文章中，他对华尔街研究的描述如下："这种研究的输入是垃圾，输出也是垃圾。"华尔街的分析师们都是能写出100页股票报告的大师，但却没法让投资者明白到底该买入还是卖出。基于相对强度价格策略，乔治·切斯纳特创造出一套盈利定律，遵守这套定律的投资者所拥有的股票，在长达30年的时间里都表现优异。

乔治·切斯纳特教会迈克如何通过图表读懂股市。当迈克试图向乔治·切斯纳特阐述赫伯特的相对强度统计数据时，乔治·切斯纳特会觉得好笑，但他仍然愿意花大量时间给迈克解释技术分析和相对强度之间细微的差别。这一切都有赖于他们在高尔夫球场上结下的深厚友谊。

乔治·切斯纳特的成功吸引了大量追随者。《投资者商业日报》（IBD）创始人威廉·欧尼尔是相对强度的忠实拥趸和创新者。在20世纪60年代早期，欧尼尔发明的相对强度策略，使他成为所在的公司里表现最好的经纪人。在30岁的时候，欧尼尔成为当时最年轻的在纽约证券交易所购买席位的人。1963年，欧尼尔创办了威廉·欧尼尔经纪公司。他的公司被称为是1964年最早一批创建电脑化每日证券数据库的公司。如今，IBD能够为投资者提供市面上每一支股票的电脑化相对强度数据。

阿尔弗雷德·温斯洛·琼斯于1949年建立了第一个对冲基金。他曾经是《财富》杂志的一名记者，专门对市场分析的技术方法进行调查报告。那时他就琢磨着以一种市场中立的心态买入最好的股票和避开最差的股票，规避股市风险，并捕捉到下一轮买入牛股和避开差股的机会。通过这种正确的模式，琼斯还意识到，他可以通过使用杠杆来提高收益。他是《美国投资者服务》周刊的忠实读者。1966年，卡罗尔·卢米斯聘写过一篇名为《美国投资者服务》的文章，文中提到琼斯10年来的记录比得雷福斯基金的表现要好87%。在未来几年时间里，诞生了100多个对冲基金。

当迈克在20世纪70年代早期回顾客户的投资组合时，他发现这些股票很明显都是随机选择的。就好像是在《华尔街日报》的股票版面随意选中几只股票投资，而效果等同于在匹兹堡国民银行、化学银行（摩根大通的前身）、纽约银行和汉华实业银行等机构里工作的股票经理的所有智慧和辛勤工作。很明显，迈克、切斯纳特、赫伯特和欧尼尔都因为遵循了相对强度规则而拥有强大的识别股票的能力。

这时的迈克快30岁了，人生前三分之一的时光已悄然流逝。他从这些投资实践的先锋身上学会了相对强度和技术分析。尽管他明白且赞同使用相对移动线模型来评估整体市场状态和使用相对强度系统来评估个股，但他仍然相信股票会随着时间的推移而增值，并且只要投资者采用"买入并持有"策略，无需遵守太多规则也一样可以在股市中盈利。不久，他这种自满的感觉就要烟消云散，他即将再一次从规律、相对强度和MAC中吸取惨痛的教训。

迈克来到华尔街似乎注定了要成功。他的头两只股票大放异彩。他的父亲极力鼓吹股票的好。难道这些还不足以让他成功吗？他的整个投资生涯刚好是股市的最好时光。迈克身边的人都是在华尔街整天做着金钱交易和股票投资的经纪人。1972年，迈克挣了82000美元——对一个来自匹兹堡货车司机儿子来说，这已经是笔不小的数目了。这相当于平均美国人一家的年收入的10倍。迈克深信股市是友善之地，股票总是呈上升状态的。

迈克完全沉浸在牛市带来的成功感之中。一旦在华尔街顺风顺水，人就很容易有一种不可摧毁的感觉。迈克认为他是不会输的，他用18%的成本平衡非流动资产时，眼皮都没眨一下——正是从这时开始，事态开始失去控制了。

从1973年到1974年，迈克的股票平均骤跌66%，个人资产遭受到迅雷不及掩耳之势的重创——一直被认为不可能发生的事情竟然真的发生了。在60年代末70年代初，股市箴言是"漂亮50"。股民们对50支大盘股趋之若鹜，直到严重超买才罢手。"漂亮50"的传奇之处在于"一次决策"的股票。你所需要做的唯一决定就是购买。因为这些股票具有稳定的收入增长，所以决定什么时间点买入并不重要，投资者希望的是股票能够在无限的未来永远呈稳定增长的趋势。他们认为完全无须卖掉这些股票，因为这些股票已经在很长一段时间内维持着稳定的表现。事实上，那时的迈克认为劝一个人买入股票之后又劝他卖掉股票，是一种不诚实的做法。

在短短两年之内，世界发生了翻天覆地的变化。迈克从有钱人变成了一个负债18万美元的穷鬼，濒临破产。

1974年底，迈克失业，生活一团糟。他被巨大的失败打倒，并且仍然处在股市暴跌带来的灾难中。在股市崩盘之前，移动平均线模式已经显示出熊市迹象，但是对股票盲目的信念使他无法做出卖掉所有股票的决定。他努力找到寄托，希望重建新的生活。在一次与梅里尔·林奇的会面中，迈克向这位潜在的新雇主大吐苦水。梅里尔这家伙的建议是走到大楼顶层，往身上浇满汽油，点火，往窗外纵身一跳。他还特意强调如果迈克这么做了，至少他会被大家记住。

1975年，旧金山的摩根士丹利决定雇佣迈克，迈克终于时来运转。摩根士丹利公司是一家上流社会的公司，大部分职员都毕业于普林斯顿大学。这些普林斯顿毕业生的市场已经饱和，现在公司急需新的人才来开拓新业务领域。迈克一直都是业绩领先，善于开拓，于是他一路向西，来到旧金山。

当迈克正回顾他人生中前三分之一的时光已然结束时，突然意识到有一位客户一直在关注着市场时机和相对强度研究。这个人就是约翰逊，一家大型对冲基金公司的领头投资组合经理。约翰逊看上去就像是哈撒韦衬衫的代言人，因为这个相貌英俊的年轻人总是戴着一只黑色的眼罩。仅仅几年的时间里，约翰逊用他不戴眼罩的那只眼睛很清楚地看到在股市低迷期时退出所能带来的价值。在1973和1974年，当股市下跌时，约翰逊的美国股权基金依然表现良好，因为他遵循了移动平均线模型来识别牛市和熊市，并对股权分配相应做出调整，从而侥幸躲过了这场股市的灾难。

1973到1974年的痛楚深深烙在迈克的心上，他再不会忘记移动平均线市场择机和相对强度信号。在接下来25年的时间里，这些信号无数次成功地印证市场状态。1996年，迈克开始为投资者管理资产，服务对象是那些相信在市场低迷期时无需拥有股票的投资者。

对于迈克而言，安全并不意味着保守或者采取部分措施。在2000年伊始，迈克肯定无法预知纳斯达克将在未来几年骤跌80%，他唯一能确定的是，只要移动平均线市场择机系统发出退出股市的信号，他就会毫不犹豫地卖掉所有股票。通过使用移动平均线模型，迈克在2000年至2010年这10年的时间里成功地规避了几乎所有股市下跌期，包括金融危机时股票市场下跌 55% 的时期。

迈克的一生都在学习如何使用客观的系统化的方法来了解持有股票时对风险和回报的平衡。股市连续上升或连续下跌都是可预测的，也是可投资的。这段连续上升或下跌所持续的时间之长，足以让投资者充分利用市场趋势。在过去 40 年间，牛市的中期趋势平均持续了 22 周，熊市的中期趋势平均持续了将近 14 周。迈克发现了一种简单的移动平均线模型，能够成功地预测从 20 世纪 70 年代早期一直到现在所有牛市和熊市的趋势。

在市场正值上升期时，迈克会买入相对强度高的股票。这些牛股通常会持续表现突出。股票中的连胜是有持续性的。相反，当市场低迷时，你无需拥有任何股票。那些表现不好的股票通常会持续低迷。无论是股票还是整体市场都会继续走低。

为了真正学习和消化股市带来的教训，并遵守退出股市低迷期来保护财产的原则，迈克将父亲给他灌输的"股票万能说"束之高阁，且摒弃了几乎被一致认可的"买入并持有"策略。在人生中前三分之二的时间里，迈克经历了惨痛的教训，但同时也拥有了坚定的信念，严格按照规则采取投资行动。

要点内容

迈克的投资理财之路，与夏普、塞缪尔森、詹森和法玛等人的研究成果"买入并持有"策略的发展是平行的。因为"买入并持有"理论在 20 世纪 60 年代和 70 年代时并没有完全应用于投资领域，所以迈克是基于"是什么"而不是"应该是什么"的角度来看待市场交易环境。迈克的投资观点主要有以下几点：

* 巨大的损失需要花上好几年的时间才能彻底恢复。股票投资中最重

要的风险就是在熊市中遭受损失。风险管理的一个基本元素是避免重大损失。如果损失太大,可能你得花上一辈子的时间来弥补损失。

* 规避股市低迷期的核心在于辨别牛市和熊市。当你识别出熊市时,完全退出股市。迈克从没见过谁在熊市赢钱或在牛市输钱。这就是风险管理。熊市总是有更多的下跌风险,而牛市总是有更多的上升机会。

* 和索尼一样,迈克的交易方式是冷静客观的。他从20世纪70年代初开始一直使用量化系统来识别熊市和牛市的中期市场趋势。在过去40年间,人的情感是最不可靠的交易指标,而迈克的缜密的自动化的系统很好地把握了几乎所有市场形势。即使碰上不好的形势,迈克也严格遵从原则。迈克从所有的经验教训中获得了最宝贵的财富。

* 如果当前正值股市上升期,一定要大力投资。在迈克的故事中,我们能看到他的投资组合包含了各种相对强度高的股票。在这么多年的现代股市历史中,当我们对比相对强度高的股票和整体市场的表现时,会发现相对强度高的股票总是表现突出。

* 迈克创造了强大的下行保护和上行参与的强强组合。在股市低迷期时,迈克会彻底退出股市,卖掉所有股票。在股市上升期时,他持有相对强度最高的股票。这种组合使投资者在股市上升期时占领市场,并且在股市低迷期时保持不败。

第8章 风格

一、技术投资者、基础投资者和数量分析专家

总体而言，今天的投资者从三个不同的哲学层面进入股市：第一种被分为技术分析和趋势跟踪，第二种投资者指的是那些考虑公司基本形势（从下至上的分析）和宏观经济形势（从上至下的分析）的初级投资者，第三种指的是定量分析，量化分析在文学中被描述成金融生态物理学和计算机知识。第三类投资通常出现在另类投资的领域，大多指的是对冲基金。

在这样一个由学院派经济学家制定出理论结构的金融世界里，技术的、基础的和计算机投资的规则三者共存。交易债务、货币、期货、商品、贵重金属、衍生品以及期权等，每天都在高速操作运行着。因为有大量的金钱和活动，经济学家总是在寻找更好的方法解释当前情形。如果他们能够创造出和这些活动对应的理论并解释其内在的运行机制，该理论就有可能产生和运气投资相反的一系列规则。经济学家们的努力并不意味着他们已经成功地理解并解释真正发生的和即将发生的事物。全球金融市场是非常复杂的。在不远的未来，期货交易不可能仅仅和某一种简单的学术模型相关。

交易员对于学术世界里的结论总是非常敏感。然而，每天早上股市一开盘，就到了利用各种资源谋生和盈利的时候。当情况危险时，交易员会转而依靠他们内心坚信的东西。市场总是在不同的周期之间变换，因而会

产生不同的策略和理论来匹配不同的市场行情。交易员所做的每一件事情，都可以由硬数据即时地解释出来。没有什么是不能公开的。尽管如供求在内的基础经济因素总是奏效的，但交易员还是会跳出学术理论的框架寻找盈利之道。

1884年，查理斯·道和爱德华·琼斯开始在一份只有两页的名为《顾客晚报》的简讯上刊登道琼斯股市平均指数，那时只包含9只铁路股票和2只工业股票。到1896年时，这份晚报拥有了1000名订阅者，并改名为《华尔街日报》。查理斯·道和爱德华·琼斯是早期两位比较出名的技术分析和趋势跟踪投资者。

道琼斯研究出的道琼斯理论所持的观点是，股市趋势和整体经济活动之间有一种强大而可预测的关联。当道琼斯指数和铁路平均（当时的交通运输集团）处于同一方向时，这预示着重大的经济转变正在发生，并且将持续一段时间。当这两种平均指数都达到新高时，预示着已经进入牛市。许多投资者一直追随着道琼斯指数直到今天。

除了道琼斯，紧随其后的还有其他技术员，比如拉尔夫·尼尔森·艾略特。艾略特发现股市价格的趋势是可预测的。他研究出一套理论，并将研究成果体现在1938年出版的著作《波浪原理》中。艾略特的波浪原理继续吸引着众多投资者的目光。

从本质上来看，技术交易是基于有效市场理论的，这证明股市价格包括了市场参与者了解的所有信息。如果股价在有效市场中是呈上升趋势的，很可能投资者对未来的感知也是在不断改善的。上升的股票或股市说明预期回报在增加或者风险溢价在下降，反之，下跌的股票或股市说明预期回报在下降或者风险溢价在上升。市场是市场环境最好的指标，没有之一。学术派和交易员的不同之处在于，技术交易员认为股票价格是有趋势的，而学术派认为股票价格是随机的。

最有名的初学交易的成功人士,有沃伦·巴菲特、本杰明·格雷厄姆以及彼得·林奇。初学投资者研究公司的情况,并寻找相关案例证明市场不会总是让一家公司的收益和资产价值增值。和技术和量化分析员一样,他们积极地选择待投资的公司,因为他们认为市场并不是完全有效,未来的股价可以通过预测来实现投资组合的增值。

本杰明·格雷厄姆曾经在书中写道,市场时常呈现出非理性的状态。他认为投资者应该能够通过基础分析识别出股票股价过高和股价过低的时间点。本杰明·格雷厄姆对此方法的初步设想是,股票价格最终会是未来预期收益相关的理性的价格,并且市场参与者最终会让股票达到一个合理的价格水平。

本杰明·格雷厄姆在他的著作《聪明的投资者》中开门见山地写道:"把有价证券当成一种生意一样去投资,是最聪明的投资。"沃伦·巴菲特对此的评论是:这是有史以来对最重要的有关投资的说明。这些话语所深含的意思是,投资应该是一种系统化的理性的过程。无论是采用基本的、技术化还是量化的方式,在机构交易的世界中,投资永远都应该在系统化和理性的方式下进行。

直到20世纪80年代计算机开始被广泛使用,计量金融才得以大显身手。将重型计算能力用于市场交易的目的,是要为所有经济理论和现实情况无法相配的领域带来利润。2000年,罗萨里奥·N·曼特尼亚和H·尤金·斯坦利合著了《经济物理学导论》一书。在这本书的开头,他们对有效市场假说进行了说明:

这是一种强大的、精致的、充分的假想,唯一的缺点就是错得太离谱。交易员不是一直理性的,也不可能做到永远理性。正如永远存在的"反常现象"所显示的，市场无论从微观还是宏观的角度而言都是低效的。即使是在非常短的时间内，对数价格变化也是非高斯型的——峰值太高，肥尾效应，消退太慢，基本上就是幂次定律。更糟糕的是，金融时间序列是可预见的。尽管价格变化本身的相关性在快速衰减，但是价格变化的非线性函数在很长时间内都还是互相关联的。如果市场是高效的，那么价格将完全不可预知。但是既然价格是可预知的，那么显然市场并不高效。

机构交易员多年来一直主动交易股票。尽管交易员可以将市场分为高效的、部分高效的和非高效的，但数量分析专家、技术员和基础投资者全都认为主动管理有其价值所在，因为股票价格多少是可以预知的。

大部分有经验的交易员会关注很多因素，尽量将形势扭转到对他们有利的局面。无论这些交易员是技术型的、基础型的还是数量分析型的，他们都认同主动投资组合管理。多年的经验让他们找到和未来股价波动关系最密切的因素。在这本书中，我们将大部分学院知识总结为可用的策略，帮助投资者在行情上涨时进入股市并在行情下跌时离开股市。

相比之下，对零售投资行业的普遍建议是买入并持有。对于个人投资者而言，所提供的风险管理工具归根结底就是资产分配和多样化。在长期熊市周期中，绝对回报低，且投资组合波动性高，比如从1965到1982年和从2000到2012年的熊市。鉴于从2000年到2012年以及其他长期熊市（比如从1965到1982年）的股市交易方式，主动管理确实需要深思熟虑。

二、股票、债券和期权

除交易风格外，大部分机构投资者都精通股票、债券和期权。股票、债券和期权的投资者彼此之间没有往来，他们参与股市的方式也各不相同。债券投资者关注的是资产负债比率，通常会认真审视公司的基本情况。

尽管大部分专业的股票分析师和投资组合经理都会研究损益表和资产负债表，但许多人还是会因为公司的某一个产品故事或业务故事而被说服。期权投资者不太关心公司的小故事或是一些内部秘传的交易数据，如德尔塔和伽马值等。股票投资者常常认为债券投资者是市场中最聪明的一群人。精通于各种数字的债券投资者是高动量的交易员。很少有人能够理解期权投资者，或是能明白期权投资者所做的事情。

我们的职业投资生涯都启航于蒙哥马利证券公司，一开始是将成长股的研究成果推销给成长型共同基金和对冲基金经理。股票投资者钟情于那些好听的故事。如果你能在讲好故事的基础上佐以一些数据，那无疑是锦上添花。换到世界上最大的期权做市公司萨斯奎哈纳金融公司后，当我们和过去的股票基金经理联系时，我们仿佛在说着另一种语言。他们对期权交易的兴趣和愿望几乎为零。股票投资者唯一感兴趣的就是我们的年度扑克锦标赛。

萨斯奎哈纳金融公司的创始人是5名前专业级扑克玩家。所有的职员被要求每天玩扑克。我们在旧金山加利佛尼亚街101号的大楼的第32层置办了标准尺寸的拉斯维加斯扑克桌，就安装在交易柜台的边上，并且放满了杯座。牌艺精湛的玩家只依赖于有限的信息做出决定，基于概率。这种技能同样适用于期权市场和基于概率的投资。每一年，我们都会为所有的客户举办一次内容丰富有趣且奖品丰厚的锦标赛。期权投资者非常享受和股票投资者玩牌。

杰夫·亚斯是萨斯奎哈纳金融公司的创始人之一，也是《市场怪杰》一书中的原型人物，他认为打牌和交易有许多共通之处，他在书中写道："无论是玩牌还是期权交易都有一个共同的基本概念，那就是他们的主要目的不是为了赢最多手牌，而是为了收益最大化。"许多投资者错误地关注获胜率，或者说投资获得正回报的频率。

当我们运营自己的资产管理时,我们和信贷违约掉期 CDS 交易员、债券交易员以及债券衍生品交易员有密切关系。这些交易员都对 2007 至 2009 的金融危机有很好的理解,因为这场金融危机正是开始于债券市场的危机。当股票的世界一片茫然困顿时,许多债券投资者的动作往往又快又准。只要信贷环境进入冰点,就很容易预测股票的低谷时期。在 2009 年,当信贷市场被分类并开始重新运作时,一些债务投资者早早地预测股票市场将迎来长期的牛市。回望过去,他们无比正确地提前预测出股票的牛市。

债券牛市的到来通常是因为相对于其他资产类别的预期回报而言,债券收益是非常可观的。2009 年当股票市场陷入波谷时,10 年期美国国库券的回报率约 5%,公司垃圾债务(标准普尔评级为 BB 或者更低)的收益率范围为 10% 到 20%。资金流入债券市场,部分原因是对持有股票的担心,也有部分原因是被诱人的收益所吸引。当债券牛市趋于成熟时,收益下降,且投资者逐渐远离风险曲线图,获得可观的名义收益。机构债券买家在回报下降到低于合理性时所承受的压力是巨大的。众多的退休基金、保险公司以及其他传统债券买家都表现不佳,极度渴求更高的回报,因为他们的回报预期虚高。新的资金不断流入债券市场并投入使用。到 2012 年底,10 年期美国国库券比率下降到低于 2%,垃圾债务比率达到 6.2%,创下最低纪录。最终,债券市场的风险没有被完全定价,而债券市场中的违约率和收益之间产生了负向失衡。当这一切发生时,股票市场(2007 年到 2009 年)面临着巨大的风险。令人担心的是,当下一个信贷危机到来时,政府会因为上一个危机导致的债务延续而无从采取积极的补救措施。

正是这样一份担忧提醒着每一位投资者提前准备好计划,从而在行情下跌时能及时退出市场。

第 9 章　你脑中的股票

在金融研究领域，基于人类行为偏差的金融研究被称为行为金融学。这个概念构建的基础是人类极度简化周边的世界，并运用被称为启发法的经验法则快速做出决定。从行为金融学的角度而言，有一些启发法使得人类的交易行为多少可以预见一些。人的偏见可能会导致一些看上去荒谬不堪的行为，而这种行为和基本的金融理论假设背道而驰，后者认为那些追逐利润的理性的投资者能创造有效的市场。

我们的大脑很擅长以线性的方式看待因果关系。大部分人都不会仅凭直觉去指定概率并评估概率性的结果。有关人类决策的研究所得出的结论是，如果我们对一天中所要做出的每一个决定都进行详细的分析，那么我们只会深陷分析的泥潭，举步维艰。如果对包括该迈哪一步在内的每一个细小的决定都进行分析，即使是超级计算机也将无能为力。实际情况是，我们并没有对每一件事情都事无巨细地进行分析，也没有基于纯粹的数据分析做出判断——实际上，我们经常感性地做出决策。

神经生物学家认为人的大脑有三层结构：第一层，也是最基础的一层，叫做爬虫类大脑，管理着许多如呼吸和心跳在内的关键功能；人脑计算活动的第二层叫作边缘大脑，管理着我们的情感，大脑中的这一层是所有哺乳动物都有的；大脑功能的第三层是认识层，负责高级的思维和分析的计算。

大脑曾遭受重创的病人，包括破坏或移除边缘层（情感层）大脑区域的病人，基于最基础的一层试图做出决策。尽管所有的事情都经过再三考虑，但依然无法做出最终的决定。这说明大部分交易活动都是基于人类情感的。

这部分解释了为什么有些投资者会一路下跌，最终不得不在波谷放弃。当他们经历越来越多的挫败，情绪早已失控，直到最后无法承受的时候才停下脚步。他们到达情绪痛苦的至高点时，也就是市场走入低点之时。图9-1展示了由美国个人投资者协会（AAII）评估的市场情绪指标。从图中可以看到，在2009年3月和2010年9月，投资者的情绪和股市一样跌至谷底。从历史的角度来看，熊市中的极端市场情绪通常被认为预示着一个即将回升的卖空市场。

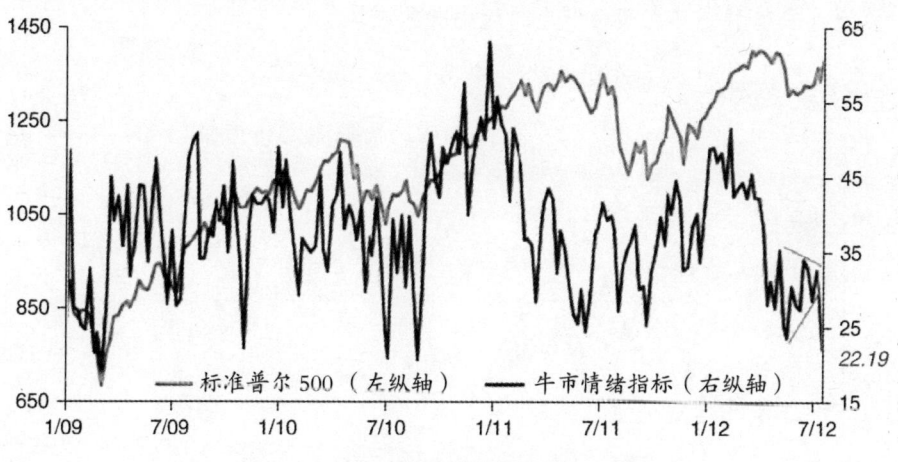

图9-1 投资者情绪随市场低点走入低谷

（数据来源：美国个人投资者协会和Bespoke投资集团）

因为大部分风险感知都来自大脑的情感层面，所以投资者在选择方向时容易反应过度。恐惧或自满的情绪都可能让人走向极端。这些情感常常会因为某一则新闻报道或是某一个外界消息，就在几小时甚至是几分钟之内发生翻天覆地的变化。从情绪的角度来看待市场交易，就不难理解耶鲁大学经济学家罗伯特·席勒的发现，也就是股价的变化远比收益的变化要大得多。

风险感知和情感是紧紧联系在一起的，所以通常风险感知的变化之程度和速度都远甚于显性的预期收益。远期收益的计算是一种感知的动作，通常需要表单和分析推理。这和情感经验没有太大关系。当投资者处于恐慌卖出的模式时，他们通常不会想到那些官方的收益预测，情绪自然会告诉他们预期收益正在不断下降。

反对市场择时的一大论点是，投资者普遍做出的市场择时决策总是很糟糕的。总体而言，这个论点是正确的。图9-2展示了资金如何在股市高点流入股票市场并在股市低点时流出股票市场。

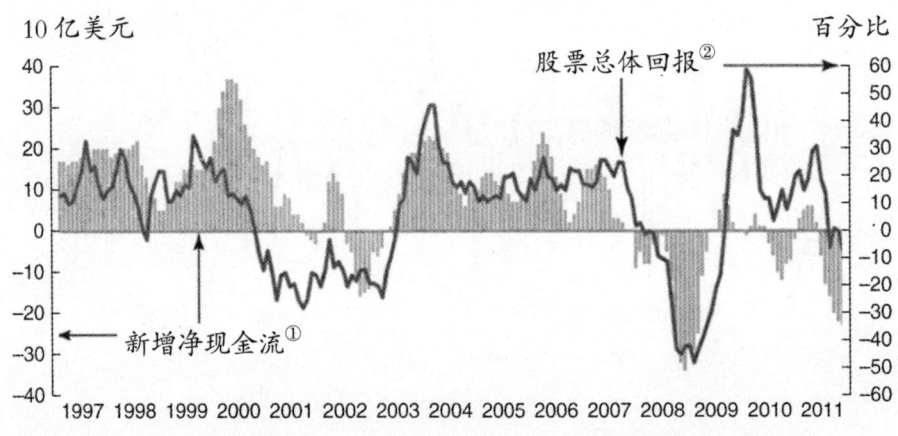

图9-2　基金在临近股市高点时流入股票市场并在临近股市低点时流出股票市场

（数据来源：投资公司机构和摩根士丹利资本国际）

① 新增净现金流比股票基金被绘制成6个月移动平均线。
② 股票总体回报的测量基于摩根士丹利资本国际公司全球各国每日总报酬净额指数的同比变化。

基于摩根大通公司的研究报告，投资者平均能在1991年到2010年这20年的时间里获得2.6%的平均年回报率，同比标准普尔500指数的平均年回报率是7.7%，通货膨胀率是2.4%。图9-3再一次说明个人投资者普遍在市场走低时卖出股票筹集资金，而在市场走高时过度投资股票。

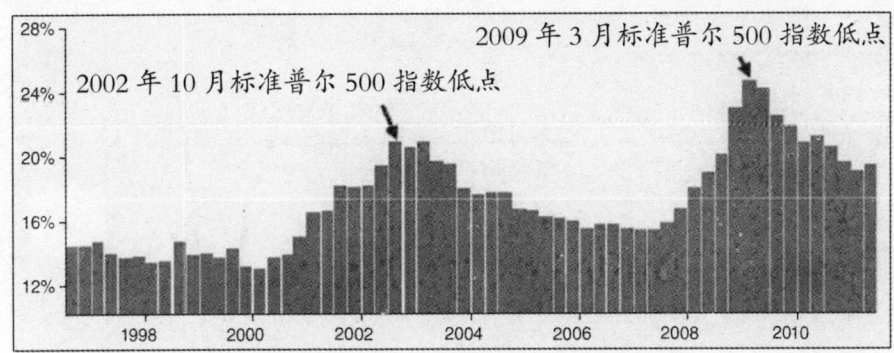

图9-3　总体家庭金融资产中现金的百分比

（数据来源：摩根士丹利资本国际集团）

晨星公司是一家对共同基金进行评级的市场数据公司，该公司发现不同类型的投资者都倾向于追逐过去的结果，当某一个基金表现优异后就会大力投资该基金，在基金表现低谷时则取出资金。那些倾向于管理基金的投资者更容易受到糟糕的市场择时决策的影响，因为基金通常在一段时期的表现低迷之后会重新表现优异，而在一段时期的表现优异之后又会陷入低迷的状态。

个人投资者很可能没有使用规范的系统化的交易系统来做出市场择时的决策，他们也很有可能基于情绪和自己的理财需求做出择时决策。股市的低点通常与高失业率和房地产市场的低迷相关。在2007年，美国的失业率达到了4.5%左右。在2009年中期，美国的失业率达到9.5%左右，并且在接下来的3年里保持在8%以上。

图 9-4 说明了 2008 和 2009 年的经济衰退对房价的影响。

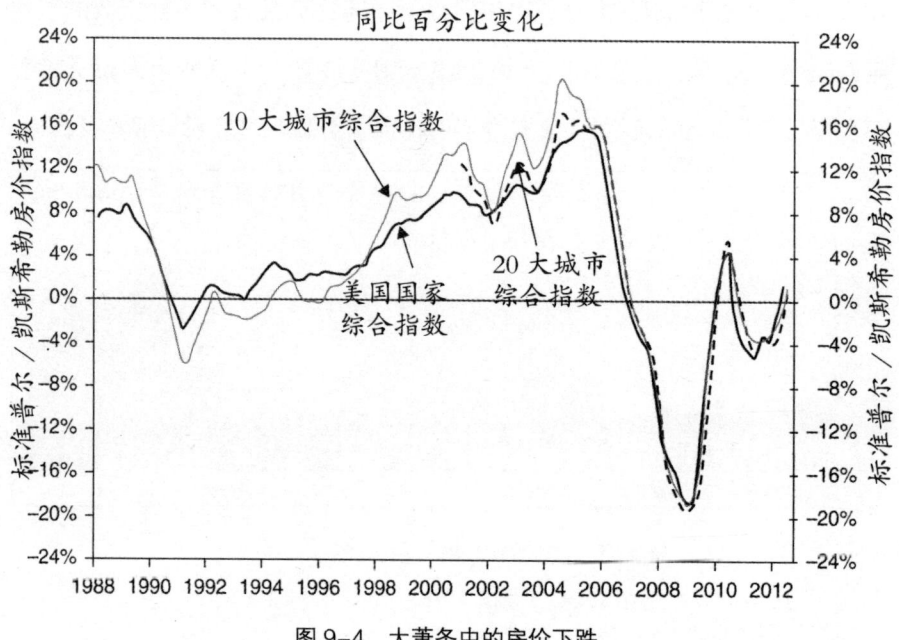

图 9-4　大萧条中的房价下跌

（数据来源：标准普尔、道琼斯工业指以及 Fiserv 公司）

投资者在股市低点时从股票中提取现金，不仅仅是因为他们在与自己的情绪作斗争，还因为他们需要这笔钱。在股市低迷时期，他们失去了工作，流动资产贬值，并且还可能承担着住房抵押贷款。在经济不景气的时期，人们会尽可能地提取出流动资产。卖出股票就是流动资产的一大来源。

相反，在股市高点时，失业率通常很低，其他资产类别也显示出强大的增值势头。股市上升时期的投资者总是有多余的资金。大部分个人投资者的股票买卖大多都和个人资产负债表以及对当前市场状态的情绪反应相关，而不是他们对精心挑选的市场择时策略的执行。

在任何情况下，人的经验都倾向于认为人常常做出非系统性的、情绪化的市场择时决策，从而导致和买入并持有策略相关的表现不佳。这使得许多市场观察员都认为市场择时并不奏效。在情绪的驱使下做出股票买卖的决策不是最好的选择，这已然是证据确凿的事实。

这份证据掩盖了基于量化、规范且客观的交易系统做出的成功的市场择时决策。和基于情绪的交易形成强烈的反差，基于系统化的方法做出的市场择时决策长期以来一直是成功的，包括使用简单移动平均线模型。

从成功的市场择时角度而言，理解股票买卖中的情绪内容能为买卖的时机提供重要的线索。恐惧和贪婪都是强大的情感，这些情感会驱使大量的股票积累和分配。当集体性的恐惧加剧时，市场会呈下跌趋势。当集体性的贪婪加剧时，市场会呈上升趋势。恐惧和贪婪直接影响着承担风险的意愿。如果我们决定了风险感知的方向，我们就有极大的把握预测短期和中期范围内的整体股价。

第 10 章 投资银行交易大厅的观察所得

多年来，我们在机构型资产管理企业中获得首席位置。在第 9 章中，我们谈及由于人的情绪而导致的糟糕的投资决策。在本章中，我们将探讨从卖方投资银行的角度来看待机构性交易市场的变形。在我们的经验中，很明显的一点是，几乎没有什么时候是市场定价可以称之为合理和高效的；更重要的是，了解机构如何运作能够为投资者提供更好的视角，去了解股票交易的方法和时间点。

20 世纪 90 年代中后期，在每天早上的黑暗时期，曼哈顿西区最大的交易大楼里的操盘手主管鲍比都会喊道："我喜欢凝固汽油弹的味道！"。这是电影《现代启示录》中罗伯特·杜瓦尔所饰演的基尔戈一角里的台词。基尔戈紧接着解释道，因为这种味道象征着胜利。在这样一个充满着肾上腺素刺激的雄性荷尔蒙主导的行业，成千亿美元的资金流动着，交易上瘾者被巨额奖金的可能性刺激着。完全可以预见，市场定价是扭曲的。

在第 6 章中，我们探讨了有效市场理论。有效市场假说是买入并持有方法在股市投资中运行的基石。我们不想从学术的角度来探讨有效市场假说的优点。在这里，我们希望和读者共享的是多年来在几家主流机构性卖方公司担任交易经理时的观察所得，我们希望这些观察能帮你从更深更广的角度了解影响股票价格的众多要素。这些观察结果证明，股票价格会因人的奇异行为而有所影响，而人的行为通常会使得证券定价可以预知。

一、卖方分析师难题以及如何预测收益势头

拥有高薪工作的理性的人群通常希望自己的工作能稳定下来。对于那些预测未来的分析师来说,当他们的预测与其他绝大多数人的预测相吻合,而不是激进冒险地与大多数人背道而驰时,他们比较可能持有目前的工作。如果预测结果和大众的预测一致且所有分析师都是错的,那么所有的人都犯了同样的错误。如果预测结果偏离均值甚远且只有一个分析师的判断是错的,那么这位分析师是失职的,因为其他所有人都已经知道答案。

投资银行同样会高薪聘请高级分析师。高级分析师的工作是令人尊敬的,他们被称为专家。分析师极度渴望保有这份工作,因而在做出背离大众想法的决定之时常常犹豫不决。如果他们有别具一格的观点,通常只会口头上和自己关系最好的顾客说一说,但绝不会白纸黑字地写在正式的研究报告里。

当公司报告中的收益高于预期,分析师会对公司管理和整个市场行情进行检查。如果正面临长期变化,因为分析师希望确保新的趋势正在酝酿当中,所以他们可能会调整正向预算只高出一点点,而不是离均值预期太远。几个收益周期过后,分析师周期性地频繁低估真正的收益。随着时间的推移,卖方投资分析师团体和投资过程的关系慢慢减弱。这是因为相比起卖方的股票分析师,共同基金和对冲基金的资金经理参与收益报告的速度更快。

通过那些过度保守的分析师所承受的压力可以预测出超出分析师预期的周期。持续超出预期的股票通常在整个周期的表现都优于普通股票。这种动态过程帮助解释为什么有大量机构性股票买家都关注势头或者相对强度高的股票。

股票收益超过预期时有之,股票收益低于预期时亦有之。通常分析师

们在长期的连胜之后容易错过一些收益预期，这主要是因为他们在面对增加预期值时容易变得过度激进。相比起来，公司运营的基本变化显得不那么重要。

当公司平稳地实现收益上升时，对于机构性买方客户而言，保守的卖方分析师对于整个投资流程显得不那么重要了。要回到局势中，卖方分析师会提前做出主动的预测。如果预测是正确的，分析师会成为股市中的抢手人物，地位大增，成为机构型投资流程中重要的一环。

其他分析师也会跟着做出激进主动的预测。当预期比想象的要高时，公司面临失去增加预期的极大风险，并且股票可能会经历快速反弹。这时趋势投资者会缘于一些基本要素不假思索地卖出。机构型投资者可能会在几天、几周，或者几个月内卖掉股票。有一些股票最终会恢复曾经的辉煌，而有一些股票则永远回不去了。

对于那些将股票买入和公司的预期收益实力结合起来的投资者而言，一系列的事件能够解释为什么动量投资法是可以被预测的：那些基于信息交易的投资者如何不需要掌握信息，并且很慢地散播出更多正确的消息流入股市。这也进一步解释了价格收益比率和股价之间的关联如何对相对强度高的股票变得脱节，这同时也解释了为什么那么多趋势股票最终遭受重大价格下跌。

我们绝不是唯一观察到由收益驱动的股票势头是可以预测和投资的。有关盈余漂移的学术研究有很多，包括1968年的鲍尔和布朗、1984年的福斯特、奥尔森和谢福林、1989年的伯纳德和托马斯，等等。福斯特、奥尔森和谢福林的研究发现，在盈余公告公开之后的60个交易日内，在最高点的非预期盈余的多头以及在最低点的空头会在交易成本之外带来每年约25%的非正常回报。随着时间的推移，基于公开发布的收益的股票漂移说明操盘手无法同化当前获得的信息（这种情况可能出现在卖方分析师团体），且资本资产定价模型无法有效调整，以适应变化的风险溢价。

二、机构型股票买方

最大的共同基金控制着上百万亿价值的股票，他们可以控制某一公司的大部分股票，使得股票的平均日交易量相应减少。1995年，富达麦哲伦基金拥有266家公司中超过5%的市场资产。如果基金大力买入或者卖出股票，就很可能给股价带来巨大的影响。

有一些投资者密切关注大型共同基金所持有的股票。如果某一个基金将股票和基准进行对比，且股票的相对强度高，那么这个基金很有可能会增加所持股份。位于新坎布什尔州朴次茅斯的阿尔法股票研究的主席大卫·利里专攻跟踪富达基金公司的持有股票份额。利里发现，当富达基金公司持有少于公司份额的5%，并随后增加持有率达到12%时，股票会平均增至55%（具体可参见1997年9月8日出版的美国新世界报告中72到73页："富达基金公司的刺"）。1995年时，据估计富达基金公司的交易量达到了纽约股票证券交易所的总体交易额的5%到7%。

如果一个大型基金决定清除仓位，这个过程得耗时数日，且会给股价带来灾难性的影响。过度持有的股票也存在这样的风险。共同基金每季度报告其持有的股份，同时有许多互联网业务会提供某一只股票的顶级持有者的信息。

小规模的投资者会在交易之前主动获取大型基金的股票动作。除大型基金之外，众多小型基金的买卖会使得大型基金的进场价格和出场价格更加不可控。这种交易问题带来的一大结果，是许多大型基金很早就开始采用黑池交易和其他难以看到交易动作的系统。

大型基金有时会采取的一种策略是通过获得经纪公司的许可来操控股票价格，并且将股票卖出给卖空者。要卖空一只股票，证券法要求投资者在卖空之前买入股票。尽管这种需求存在滥用情况，但是许多卖空者都确保在卖空之前买入。这意味着，高盛投资公司和摩根斯坦利投资公司这样的为了主要机构账户而持有股票的经纪公司，会在得到股东许可之前，以卖空的价格卖出股票。

那些被通知他们买入的股票正在召回的卖空者，不得不在自由市场中买入股票，并且将股票还给经纪人。如果股票召回的量足够大，行情看涨时买进的股票持有者（通常也就是共同基金持有者）可以通过召回所有借出的股票份额从而实现大量空头轧平。

当卖空者在证券显示出强有力的增值势头且他们的损失在上升时开始抢购股票，这时就会出现空头轧平。因为买入的压力远远大于普通卖出的供应，所以很容易抬出高价。空头轧平的一个极有说服力的案例，是美国联邦政府于2008年推出禁止卖空金融股票的法令。一些严重被卖空的证券仅仅在一天之内就下跌了超出100%，而卖空者还在争相掩盖。

那些试图平仓的大型股东，可能会将空头轧平作为一种为他们正在卖出的股票创造买入兴趣的方式。通过收回股票贷款，他们可以产生不定期的繁重的压力。当预测股票的买卖时，你需要关注证券的主要债权人，这一点至关重要。

三、跨资产类别价格操控

大型对冲基金可以推动市场，并且时常如此。如今的大型对冲基金可以在一个基金中管理几十亿美元的资产。他们可以以任何一种证券形式，如股票、债券、商品、期货、信用违约掉期以及期货合同，进行交易。他们对交易速度之快毫不担心。我们从个人经验中得知，对冲基金可以在一天之内拥有100%的交易量，而100%甚至更高的日交易量屡见不鲜。

如此快速的交易带来的一大结果，是创造和利用买卖的不平衡。举个例子，期权市场是一个零和博弈。只要有投资者买入买权，就会有做市商卖出买权以促进交易。当做市商做空买权时，他就暴露在被请求行权的风险之下。为了对冲这种风险，做市商通常会在做空买权的同时买入股票。期权做市商通常会维持delta中性来进行交易。如果对冲基金就某一只股票从数家做市商中买入买权，股票价格很可能在做市商对股票进行对冲时走高。如果对冲基金在买入买权之前积压并且热衷于卖出股票，那么买入期权可能会给股票存货带来天然买家。

这种跨资产类别的价格操控可以在多种市场中以多种方式进行。今天许多成功的高频对冲基金交易者正是这种博弈的高手。在这个案例中，基金通常使用买入或卖出的能力在短期内扭曲市场价格从而有利于交易。这很难被称为随机或者高效的流程，个人投资者不应该过分解读短期价格波动。

四、信息失真

投资组合经理人已经知道在卖出时公开谈论股票。我们都见过投资组合经理人参加人头攒动的机构会议，并向公司管理层提一些问题，目的是给予所持有股票以良好的影响，同时促使投资组合经理人更加重视某只股票。其他的投资者会注意并帮助带来这种买入的压力，当第一个经理人在卖出某只股票的时候。在会议上、报纸上以及电视上，经常会有对一只股票大声支持或者反对的情形。一定要当心，千万不要对你所看到或者听到的事情太早下结论。

大型资金管理是一个竞争激烈的行业。成功的经理人赚个几百万是轻而易举的事情。当风险高时，经理要捷足先登就必须撑住更大的风险。机构投资者对于市场或者个股的评论应该持保留态度，这应该只是你投资过程中的冰山一角。

五、投资期末的涨价和跌价

在一个季度结束之时，机构投资者会通过买入盈利的股票并卖出亏损的股票来重新平衡投资组合。这种做法的驱动力之一，是许多机构会在汇报周期结束之时将持有股份汇报给投资者。盈利的股票通常会走高，而亏损的股票通常会在季度之末走低。

一些不那么流通的股票更可能发生主动的涨价。当一个季度的最后一个交易日时，机构可能会在市场上大量下单买入，从而快速使得目标股票走高。尽管股价可能立即调回到下一个交易日一开始的涨价时期，但是通过前一天的收盘已经可以评估基金的表现。

基于基金和涨价的实力，基金表现大大提高。完全可以预测哪一些股票可能会涨价：看一看那些机构持有的快速成长公司股票，这些股票通常都是涨价的强有力的候选股票。

六、不平等的信息分配

大型机构买方客户（对冲基金和共同基金）会支付成百万美元的佣金给卖方经纪公司。因为所支付的大笔金额，卖方公司会尽其所能地让买方满意而归。卖方公司通常会通过尽早提供有洞察力的投资想法，来区别于他们的大型客户。

当拨打出站电话或者定期拜访客户时，卖方的研究分析师通常会第一时间打电话给最大的客户。能刺激交易活动的分析师通常拥有最高的收入。有影响力的一流的卖方分析师，有时会被愿意支付更高报酬的买方客户挖走。

机构经纪人的电话通常不会被记录下来，即使是在交易大厅也是如此。因此，尽管书面结论（研究报告）再三确认符合所有行业的法律法规，但是电话线仍然保持着原始的交易操作。机构型卖方交易者通常可以通过分析师的肢体语言来判断评级的变化。销售队伍会建议客户留在仓内以防出现评级变化。分析师自己可能会直接为最好的客户提供线索，告诉客户评级变化正在进行当中。

这部分解释了为什么交易收益报告如此难懂。有了收益报告，投资者必须得评估两个主要的结果：第一是公司是否达到、超过、还是未达到预期收益；第二是股票将如何应对第一个结果。通常股票会在未达到预期收益时走高，在超过预期收益时走低，这是因为在第一个结果之前已经投入了大量资金，且和真实的方向正好相反，这样才能在通知消息时获得收益。

尼古拉斯·迈尔在他的回忆录中谈及在克莱默公司的工作经历时写道："如果你认为每一天交易者都能获得和吉姆·克莱默（支付高佣金的机构型公司——克莱默公司的总裁）一样的服务（以及交易优势），基本上你现在就可以停止交易了。"

因为交易不是完全公平的，个人投资者如果仅依靠已知的一些触发因素，如收益报表和美国食品和药物管理局的通知，很难持续盈利。从某种程度上而言，个人投资者应该更关注趋势，而不是日交易的新闻。

七、机构型股票交易过程

机构型股票交易和其他产品的交易并无二致。投资银行赢得首次公开募股的承销费用部分基于银行出售（赞助）股票的实力。投资银行说服公司管理团队拥有最好的分析师和最忠诚的机构型投资者。一旦公司上市，卖方投资银行就会拿公司做路演，将有关公司的故事说给投资者听。他们会邀请公司在大会上做演讲。涉及该股票的分析师有更多的时间讲述与销售团队合作的整个故事，以及如何影响银行买入股票。展示的公司的内容越多，故事所涉及的内容越多，其他的都是平等的，那么股票通常也就会涨得越多。

偶尔，在公司股票发行之前，投资银行会提前发布热情洋溢的报道，试图赢得管理团队的好感。这些股票会走得更高。当股票升值时，公司会通知后续发行的股票充分利用该高价。股票发行的承销商通常来自同一家公司，发行了牛市研究报告，这一点不足为奇。公司评级下降不会赢得承销业务，这一点也屡见不鲜。

在有效市场中，谈论已知的事物无法对股票价格带来可预测的影响。如果股市交易正常运行，更加突出公众信息，就很难评论股票市场和定价系统是否高效运行。

有一些投资者会监控主要投资银行的公司交易日历以及公司的会议日程，以此作为股票买入的依据之一。买入正在上升的机构型资助的股票，一般可以提高投资成功的机会。

八、知情人和私募股权信息优势

私募股权公司在新兴公司股票上市之前为公司提供成长资本。这些专业技能依赖于识别优势产品、服务和管理团队，并且提供金钱、经验以及资源，直到获得重要的基础，适应首次公开募股或者由另一家公司收购。这些投资公司通常拥有深厚的行业知识，并且充分了解投资前沿的情况。

当卖方投资银行和他们的大型客户比其他投资者拥有更多的信息时，私募股权投资者和公司管理层也不甘落后。投资银行在金融市场上是专家，但是可能不会有和私募股权公司一样深厚的行业知识，也不会有和公司管理层团队一样经验丰富的人员。

举一个例子，星佳公司（ZNGA）于2011年12月16日上市，接下来的交易记录直到2012年。星佳公司是一个社交网络公司，所有的游戏都基于如脸书在内的网站。该公司作为旧金山成长最快的成长型公司，成为最火社交媒体的典型代表。

首次公开募股时每股10美元，最终在2012年3月，该公司的股票上涨到14.69美元每股的收盘高价。在2012年4月前几天，星佳公司的首席执行官卖出5%的股票，总价值为1.98亿美元，每股12美元。这次的股票发行值得关注之处，还在于这比官方内部卖出禁售提前了两个月。

在7月底，股票交易价格已经到达每股5美元。星佳公司错过了第二季度的分析师收益和收入评估，将2012收益指导从0.23—0.29美元下调到0.04—0.09美元。管理团队指出公司的收益严重推迟，大部分收益都来自下半年。认识到公司在这一年的早些时候提升了目标，则这份打击是双倍的。

这个打击顿时跳空低开大约40%，交易额达到每股2.50美元，截至当下。公司目前的交易低于27亿美元，含现金、应付账款和房地产，这显示于截至第二季度的资产负债表。

特殊的随后发行允许首席执行官在禁售期期满前大量投放股份，这给了对冲基金一个强烈信号：卖空星佳公司股票是个不错的选择。卖空者明白首席执行官的信息优势，因此紧紧按照他的动作行事。卖空股份总额在当年的2月达到了顶峰，并且势头一直维持到5月。机构型交易市场都心知肚明，星佳公司正在走下坡路。

在同年 8 月，首席执行官在加州的太平洋高地购买了价值 1600 万美元的七层公寓。同时期，公司的普通员工在首次锁定日期过期前无权卖出，所有的公共股东都遭受重大损失。许多员工本来期望在首次公开募股中大赚一笔，结果却拥有了一批没有任何价值的股票期权，不得不重新寻找工作。首席执行官已经跑路，无数的股东提出诉讼。竞争对手美国艺电公司提出侵犯版权的诉讼，指控星佳公司的"小镇"游戏抄袭 EA 的"模拟人生"。公司的负面影响急剧加速。

脸书首次公开募股的定价也能说明信息流的不平均。脸书的首次公开募股是近年来硅谷炒作范围最广的一次事件，数不胜数的文章报道早期的脸书投资者获得了多么丰厚的盈利，以及脸书如何一步步成为社交媒体投资的领军公司，甚至还有一部电影长片《社交网站》专门用来介绍公司如何创造惊人的发展，以及创始人马克·扎克伯格不仅仅是首席执行官，他更是一个天才。脸书公司的宣传成功地刺激着大家对该公司的兴趣。

在脸书首次公开募股的路演（公司在上市之前管理层面和机构型投资者的会晤）中，承销商摩根士丹利、摩根大通和高盛集团统统减少对收益的预测。据路透社报道，这让许多机构型投资者大吃一惊。因为这些发行和股票的公开募股相隔不远。下降的收益趋势是源于公司管理层更新了招股意向书，告诫投资者将脸书的应用从桌面移到手机应用中的危险性。这份材料中的信息被推送给许多大型的机构型客户，将其他投资者置于信息劣势。机构型信息之外的投资者，不得不阅读更新后的招股意向书，自己猜测发现负收益调整的可能性。

5 月 18 日是一个星期五，总值达 5.74 亿美元的脸书的股份开始交易，这是纳斯达克综合指数总额的 21.4%。脸书的首次公开募股是内部售卖的典型例子。在所出售的 4.21 亿美元的股份中，有 2.412 亿美元的股份来自早期的投资者，平均每股成本为 1 美元。内部知情人在该交易中轻轻松松地赢得了 92 亿美元。公司收入大约 68 亿美元。首次公开募股成交时处于巅峰，对卖方是个好消息，却给新的卖方带来了更大的风险。在 3 个月之内，那些投资脸书的个人投资者损失了将近一半的资金。

故事还在继续。先回想一下星佳公司的早期股票交易。这是一家投资脸书的公司。公司的管理者彼得·蒂埃尔于 2012 年 8 月宣布他将在 11 月禁售期期满之前以 3.958 亿美元的价格出售约 2010 万股份。在首次公开募股时，蒂埃尔卖出 6.401 亿美元的股票，他的脸书的净资产值到达 10 亿美元。8 月份卖出的 2010 万股份代表着蒂埃尔的主要股份，他后来只剩 560 万股。9 月早期，脸书的市值下跌了 500 亿美元。

这个故事告诉我们，市场通过大多参与者的动作常常能给你带来一些可靠的信息。当市场参与者被告知要规范交易动作时，确实需要引起注意。和随机且有效的市场不同，要将和消息灵通的投资者的动作相关的公共信息定价到股票中，得花上数日、数周，甚至数月才能充分获得这些信息。

九、按图索骥的交易和你所想要的交易

如果你问经验丰富的操盘手为什么股市有升有落，他们大概会告诉你因为要么买方比卖方多，要么卖方比买方多。这种解释看上去没什么实际意义，但却被许多经验丰富的股市从业者所采用。股票波动很可能和经济或金融理论毫无关联，这一点至关重要，请铭记在心。

经验丰富的机构型股票、债券和期货操盘手在应用大多金融理论时都会有所保留。那些脱离教科书的人会在股票市场频繁出现。这就是为什么当你在一天结束的时候看到那些解释着股市升降的金融新闻时，你应该对此持高度怀疑的态度。股票交易和市场都是复杂的，不会那么容易地被社

会科学或是新闻媒体定义出来。

麻省理工大学经济学院伟大的经济学家 保罗·萨缪尔森，是艾迪生·韦斯利公司的董事会成员。当萨缪尔森从董事会辞职后，他决定卖出在艾迪生·韦斯利公司的所有股份。问题是该公司的股票在粉单市场（场外市场）上交易清淡。萨缪尔森确信，一旦他卖出这些股份，股市会因为供应的增加而交易量走低。事实上，萨缪尔森所编著的教科书《经济学》的千万读者会知道，股市供应的增加本应带来价格的下跌。

可真实情况是，萨缪尔森卖出股票的行为提高了交易量和流动性。因此，那些以前完全不关心萨缪尔森的股票的经纪人，开始关注该股票。更多的经纪人的关注带来股票价格的上涨。因此，尽管根据萨缪尔森的书中的理论，他的股票卖出行为本应使得股票走低，但真实情况要比理论复杂得多，也难以预测得多。在这件事情之后，萨缪尔森说："每当有人说'经济学是一门课程'，我都会给他中肯的建议：回去上第二门课吧。"

掌握该理念至关重要。对股票波动采取开放的态度会让你免遭套牢于某一只股票的不幸。真实世界并不一定会按照教科书中的脚本来运行。

第11章　风险

谈到金融风险，就好像在一层一层地剥洋葱。本质上而言，风险是多层面和多样化的。金融理论中大多将风险定义为波动性。对我们而言，风险意味着透支，意味着在通货膨胀时期不断消耗资产，意味着投资组合的价格下跌会带来永久的损失。对股票投资者而言，风险意味着个人投资生涯刚好碰上股市低迷惨淡的历史时期。

美国投资者基金会和免佣共同基金会的前主席斯沃伦·K·格林曾经指出："你完全有可能终生在股市中飘荡，却从未看到股票稳定增值的境况。"格林职业生涯的最好时期是从1966年到1985年。从1966年代高峰到1982年的低谷，道琼斯工业平均指数下跌了近22%。到1985年时，道琼斯工业平均指数每年的增值率接近1%。在格林的投资生涯的中期，他还经历了1973年到1974年的股市崩盘。这一次重创对格林打来的打击甚至比2008年到2009年的打击还要大。这是自1968年给股市的致命一击。将近50%的经纪人在1974年之后不久宣告破产。

从1929年9月7日开始的熊市一直持续到1932年7月8日，股市下跌了86.2%。直到1954年股市才恢复到下跌之前的高度。在2000年投资高峰时，纳斯达克1万美元的投资到了2012年中期只值6000美元。

从事后看来，以及当我们分析将近200年的股市交易历史时，完全有理由认为股市总是会反弹的。但问题是，股市的反弹会在你的时间轴内吗？

从历史记录来看，当标准普尔 500 指数下降了 20% 以上时，平均需要 6.5 年才能重回之前的水平。

马尔科姆·德拉格威尔在他的著作《异数》中提到，你出生的时间比你的智商更能决定你的生活方式。我们每个人都是市场实际捕捉者。出生这件事本身就是一种市场择时的行为。同样，进入大学、结婚、买房、孕育生命、送孩子上大学、退休、死亡，这每一件事情都是一次市场择时。在我们的生命中，所有这些时间都能触发股票的买卖。这些事件的本质就是在证明，买入并持有方法是无效的。

大多数人的投资高峰都是从 40 多岁到 60 多岁，历时 20 多年。你何时出生决定了投资生涯的主要时光处于股市超级循环的哪一时段，从而最终决定你的投资表现。如果你从 2000 年开始投资，假设你的目标是在未来 20 年内获得平均每年 8% 的名义回报率，你现在就需要把投资回报率提高到 21% 才能达到目标。难怪那么多婴儿潮时代出生的人都决心多工作几年。

如果你主要的投资时光聚集在 20 世纪 70 年代，那么使用买入并持有策略是无法让你致富的。如图 11-1 所示，从 1966 年到 1980 年的债券、房地产和股票的资本净值从 100 万美元只增加到 110 万美元。

对比之，如果你的投资生涯的黄金时期刚好是 1981 年到 2000 年，那么你的日子会好过很多，参见图 11-2。如图所示，1981 年的 100 万美元到 2000 年时增值为 420 万美元。我们中有多少人在经历了 20 世纪 80 年代和 90 年代的牛市周期后就认为自己在故事中战无不胜了呢？

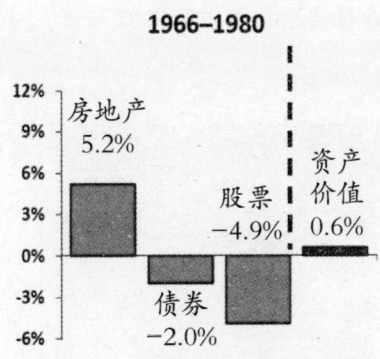

图 11-1 资产增长（1966-1980 年）

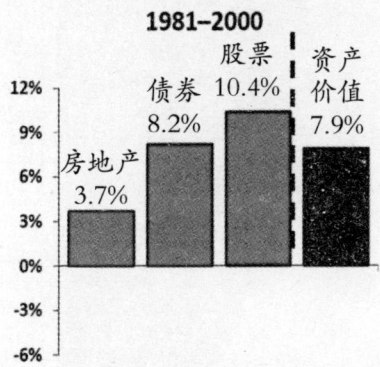

图 11-2 资产增长（1981-2000 年）（数据来源：Safehaven.com 2011 年 4 月 5 日）

历史数据显示股市的变化，就是一个又一个的超级循环。图 11-3 展示了道琼斯工业指数从 1896 年到 2011 年的增值表现。很明显，股市一步步走高，在很长时间内没有净增值，也没有大幅波动（图中深色阴影部分），中间有几次短时期的上涨行情（图中浅色阴影部分）。

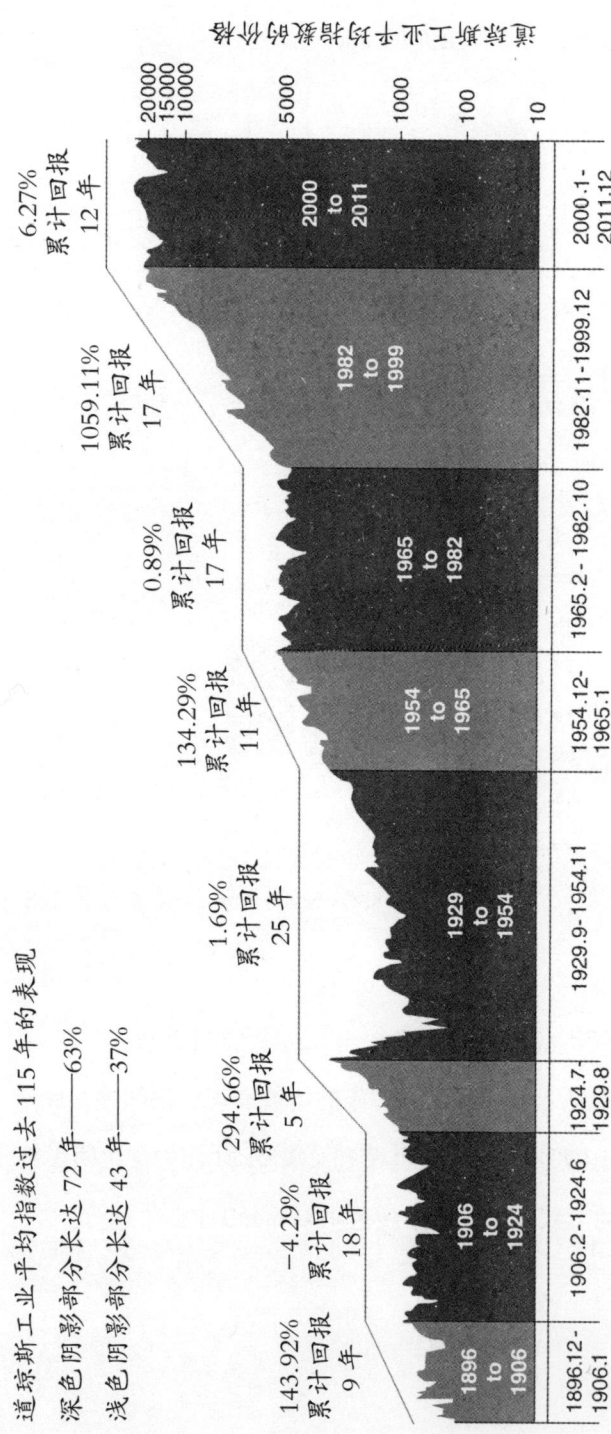

图 11-3 道琼斯工业平均指数 1896 年到 2011 年的股价图

该图为道琼斯工业平均指数 1896 年 12 月到 2011 年 12 月之间的对数曲线图

数据来源：该图由古根海姆投资公司给予道琼斯工业平均指数网站（www.dowjones.com）上 2012 年 1 月的数据绘制而成。

该图仅指过往的股价表现，并不代表未来的成绩。道琼斯工业平均指数不用于直接投资。回报可以包括股息、管理费用、交易成本或费用。要了解更多的概念，可以联系你的理财顾问。

过去115年的股市历史告诉我们，股市大起大落（图中深色阴影部分）并不罕见，并且常常持续若干年。事实上，图中大部分区域（63%）都是深色阴影部分。长期在股市中表现不好并不是什么稀罕事。图11-3清晰展示了这样一个谬论：只要耐心等待20年，买入并持有模式一定能让你的投资回报颇丰。

市场评论员和理财顾问常常引用约7%的长期平均年市场增值率，并将这个百分比作为投资组合的预期回报率。尽管115年来的平均增值率是7%左右，但是图11.3告诉我们在很长时间内市场增值率要么是0%，要么达到14%。个人投资周期通常为20到40年，因此我们大多数人都无法亲身见证长达115年的平均收益。

在低谷时期，股市常常遭受抛售带来的重创。过去20年间大约18%的时间里，股市遭遇巨大的下跌。眼睁睁地看着你的投资组合定期下滑20%到50%，这意境是一件让人备受打击的事情——一旦在看到回报的不成比例，简直是雪上加霜。

本金50%的损失率需要100%的增值率才能恢复到之前的水平。股市的下跌会让多年来的努力在几个月内化为泡影。积累财富所需的时间远比失去财富要长，这就是为什么将损失带来的痛苦程度和收益给人带来的喜悦程度作比较，前者的程度总是更深的。在投资中重要的不是盈利投资的频率，而是相比起盈利投资，亏损投资的累计大小（参见图11-4）。

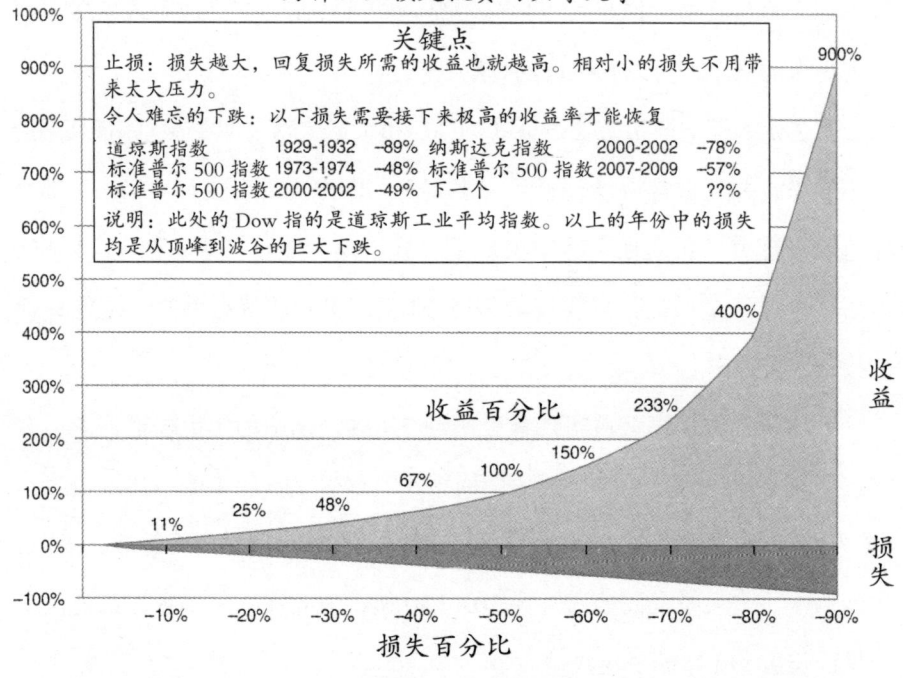

图 11-4 止损

（数据来源：crestmont 机构版权所有，www.CrestmontResearch.com）

就我们所知，50% 的损失之后迅速获得 100% 的回报几乎是不可能的，换言之，只要亏损了，就没那么容易恢复。因此，在追逐收益之外，还有必要找到一种让损失最小化的方法。当然，这就需要一些主动的管理策略。

认为应该保持在股市中投资的理念的一大中心论点是，大部分股市增长都发生在很短的周期内，而这个周期几乎无法提前预测。在大约 20 年的投资中，错过股市最好的 10 天会损失掉资金收益的一半。

然而，如果能够成功避开股市最糟糕的 10 天，会给收益带来正面的影响。图 11-5 说明了从 1985 年到 2011 年期间避开股市最糟糕的 10 天的重要性。

图 11-5 学会避开股市最糟糕的 10 天远比避免错过股市最好的 10 天要重要

（数据来源：彭博内部数据）

如果我们把时间范围拉长到 1950 年 1 月 3 日，假如这一天你投资了 1000 美元并使用了买入并持有策略，到 2012 年 7 月 31 日，你的初始投资 1000 美元将增值到 8179 美元。然而，如果你错过最好的 10 天，你获得的可不是 8179 美元，而只有 3895 美元。

如果你非常幸运地避开了从 1950 年 1 月 3 日到 2012 年 7 月 31 日之间股市最糟糕的 10 天，你的 1000 美元将增值到 21441 美元。很明显，避开股市最糟糕的 10 天对你的收益的影响，要远远大于抓住股市最好的 10 天。

然而现实情况是，你不太可能刚好抓住股市最好的 10 天并避开股市最糟糕的10天。事实上，在熊市周期，最好的10天和最糟糕的10天往往接踵而至——熊市的一大特点就是高波动性。

如果在交易中既错过了最好的10天，也错过了最糟糕的10天，结果会是怎样呢？答案是1000美元的初始资金能增值到10294美元，比使用买入并持有策略下的收益高出26%——不仅绝对收益增加，而且投资组合面临的风险更低，且风险调整下的回报也会好得多。你的生活将不再受制于波动的股市。在事实面前，使用买入并持有策略来抓住股市最好的10天这样的观点就站不住脚了。

现代投资组合理论对股市投资是一种束缚，无论股市发生怎样的变化，是走高还是陷入低谷，投资者都觉得必须留在股市。投资者被吓得不敢选择市场时机。市场择时说白了就是风险管理，因为市场择时会面临一定的风险而选择放弃市场择时的做法，会带来不可弥补的损失。

许多理财顾问在为客户制订投资计划时，都假定投资场景为市场低谷。因为理财顾问通常会遵从现代金融理论的概念，比如买入并持有，并且基于可预测的关联性假定预期回报的正态分布和分散投资，因此在大多时候客户的收益都增长保守，偶尔遭受重大损失，而这种情况下，之前的收益也就显得不那么重要。

在买入并持有策略中引入正确的多样化和资金分配，已经成为零售资金管理领域的标准方法。如果你和理财顾问交流，他们通常会在和你交谈过投资现状和利息之后，为你提供一个资产类别分配的饼图，该饼图基本上展示了他们对如何分配你的投资组合中的债券和股票的一种建议。在债券和股票中，通常还会有一些细化。有时，你的饼图可能会有一块标为"另类投资"的区域，这可能包括房地产和股票/债券/贵重金属混合型基金等。饼图的划分基于你的风险承受能力：如果你不畏惧风险，他们会在饼图中为你划出一大块股权区域。如果你拒绝风险，他们会给你划出更大的债券区域。

一旦你同意这张定制化的饼图，你的资金就会被划分为几块开始投资。很可能你的饼图主要分为几大块理财产品，也很可能你就这几块区域付给理财顾问的费用会对你的饼图有很大影响。最终你使用饼图带来的结果是：1.你不太可能获得最优的市场投资组合，2.你会一直使用买入并持有方式投资，直到你的账户定期收到保守的重新平衡投资通知。

至此，你已经把市场择时和买入并持有以一种最糟糕的方式结合起来。你无法成为市场组合投资的主人，这意味着你会基于标准来评估不同的行业，进而选择市场时机，而这种评估的结果不是低估就是高估。无论在股市的繁荣时期还是萧条时期，你都得坚持着那种并不完美的划分，并且接受股市给予的任何打击。这必然导致投资结果堪忧，尤其是在算入理财费用之后。

投资者处于这种困境的一大原因，是机构和结构的变形，最严重的变形是由理财产品卖出的方式导致的，这些理财产品的推销是在一种涉及奖励费和风格箱的密闭网络中进行的。大多时候，那些建议你买入某些基金的人完全不了解他们卖的到底是什么，他们唯一清楚的是只要多卖出一点，奖金就会高一些。

投资者受制于糟糕建议的第二大原因是法律责任。当你去看医生时，你会希望医生为你提供的建议至少是符合行业标准的。如果你的身体出了问题，这个问题本可以通过一个简单的检查得以避免，但你的医生并没有为你做这样的检查，那么你很可能会投诉这个医生。这就是为什么医生会让你做许多检查，而其中一些也许完全没有必要。同样，理财顾问也会基于同样的原因为投资者提供一些也许不是最佳的建议。这是行业标准。

理财经理都有一种被托付的责任感，要基于你的风险承受能力和财务状况为你提供最合适的建议。如果他们为你提供的和任何其他投资者都一样，至少他们提供了一种行业标准。如果你的结果和其他人一样，他们就算完成了自己的工作，并且你有可能会长期与他们合作。对于理财顾问而言，按照行业标准指导客户对资金进行多元化配置，很可能导致客户在熊市中遭受亏损，但这不会让"支招者"着急或不安，相比之下，因冒险选择市场时机而失掉客户，却是他们极不愿意面对的。

事实情况是，通常你不会希望理财顾问建议你激进地交易。风险管理不能依靠直觉，而应该是规范的和系统化的。不能让感性占了上风。几乎没有理财顾问能够提供一种通过市场择时来管理资产的行之有效的系统。市场择时不是管理风险的常用办法。

我们知道许多资金经理早在2008年初就已经看到了股市下跌的端倪，但因为没有一种明确的机制来判断市场时机，所以大多数资金经理都没有采取行动。投资的世界陷入一片混乱，包括媒体无休止地播放一些影响人判断的头条新闻。股市抛售的愈演愈烈让市场择时雪上加霜。一旦下跌了10%，再选择卖出就已经非常艰难了，更何况是下跌了20%甚至是30%。由于没有一种系统的方法来管理风险，买入并持有因其简单易用而成为市场标准。

有一句经典的华尔街格言是这么说的：金融市场的特点就是在任何时间点都能给最大量的人群带来最深刻的痛苦。比如在2000年纳斯达克峰值时，个人投资者没有及时快速地进入科技股市场，导致下跌了80%的纳斯达克股灾。在2009年3月美国股市跌至谷底之后，个人投资者卖出股票，创纪录地投资债券。然而债券自2009年开始大幅下跌，反倒是股票在未来几年的增长率超过了100%。当债券市场吸入众多投资者的资产并且还不断有人疯狂投资时，不难预测利率可能会走高，投资者将在未来的债券大幅下跌时再一次遭受重创。

许多债券专家并不看好持续走高的债券牛市，比如全球最大的债券管理公司 PIMCO 的合伙创始人斯比尔·罗格斯。如今真正让债券经理担忧的是，在长达 30 年的下降之后利率已经临近历史最低点，且政府大力刺激通货膨胀，希望借此实现经济复苏并降低当前的债务责任。扣除物价因素，债券和利率的表现正好相反：如果利率长期上升，债券价格就会下降。如果你相信低买高抛的理论，就会认同在未来 10 年内债券价值将随着利率的上升而下降的观点。

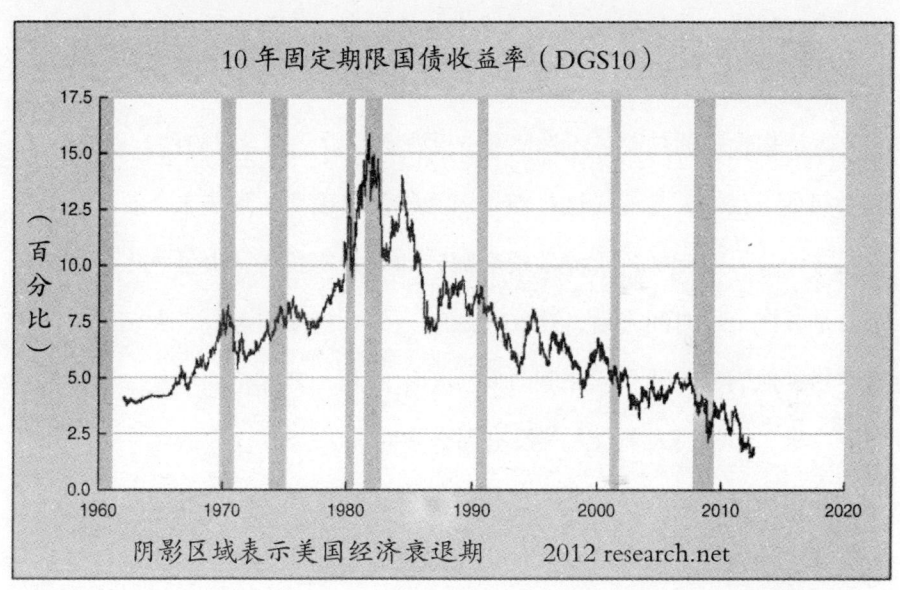

图 11-6　1960 年到 2012 年 10 年期美国国债收益（数据来源：美联董事会）

在 2008 至 2009 年信贷危机之后，许多投资者进入市政债券市场寻求庇护。市政债券市场一直被认为是安全的投资。卡伦·魏泽在商业周刊网站中曾经写道，"市政债券市场的糟糕状况远远超出我们的想象"。许多市政债券基金都没有被列入大型评级机构的评级中，比如穆迪公司和标准普尔公司。在检查市政债券违约金时,纽约联邦储备银行的研究院将未分级的债券一并检查,发现从1970年到2011年有2521只市政债券违约,这比穆迪公司记录的数字高出35倍。

在20世纪80年代早期,拉丁美洲出现债务危机,许多拉美国家的外债远远超出他们的收益能力,且这些都属于债券违约。

大型美国银行因为拉美债务危机遭受损失,使得之前的所有累计收益化为乌有。在1982年的违约事件之后,拉丁美洲损失了10年来的几乎全部经济成果,并且直到1992年才开始恢复,那时还没有美国金融危机和欧洲债务危机,但是从拉丁美洲的债务危机中能学到的经验教训是,美国股市在未来几年中将持续波动。

无论你投资的是股票还是债券,投资本身就是包含风险的。你为房子,健康和车子投保,之所以这么做是因为你无法确切地预测未来。你为什么不能将保险策略同样用于流动资金呢?如果我们获得了大量收入,可以确定的是,在一段时间之后,这些收入的一部分将面临风险。大多人对此没有计划,他们只关注多样化和时间。不幸的是,多样化并不是一种稳健的保险策略,而我们大多数人都没有那么多时间。

在市场中胜出的,是那些以保险的方式管理投资组合并对肥尾效应有高度察觉的操盘手。保险能让他们在投资中不那么焦虑。因为制订好避开股市低迷期的计划,这些操盘手每天能安然入睡。他们的关注点是消极结果是完全不可接受的,因而积极结果是否高频出现也就不那么重要了。

人们常常说不同的时期各有差别,世界将走入统一化。许多投资者认为标准普尔500指数在信贷危机中已经遭遇了超过50%的下跌,这么严重的抛售在未来几年不可能再发生了。但如果一个抛售极可能带来近期内的下一个抛售,怎么办?当你观察不同周期中的股市表现时,很容易发现在

股市历史中的很多时期，消极事件是会扎堆出现的。

这本书旨在为你提供一种理性的、系统化的、行之有效的计划，帮助你在市场上升期时进入股市，并通过风险控制及时撤离股市下跌期。这个计划如同一份保险单，避免资产在股市下跌期时遭受损失。

第 12 章　共同基金的历史和
杰弗里·维尼克的故事

　　1924 年 3 月 21 日成立了世界上第一支开放式共同基金——马萨诸塞投资信托基金。在头 30 年的时间里，共同基金的市场发展缓慢，直到 1951 年基金总数才刚超过 100。如果再与交易型开放式指数基金（ETF）的早期发展历史进行对比，你会发现开放式共同基金的发展速度之缓慢简直令人发指。1993 年，第一支 ETF 基金诞生于美国证券交易所。到 2000 年底时，ETF 基金数已经达到 80。从 2000 年到 2010 年这十年里，可管理的 ETF 基金资产以每年 30% 的速度上升。2012 年，ETF 基金总资产达到 12 万亿美元，基金数为 1476，占美国股权交易近三分之一。

　　共同基金资产增益从 20 世纪 50 年代开始加速。到 60 年代时，共同基金持股量已达到近 158 亿美元。1976 年，约翰·C·博格尔将第一个零售指数基金——先锋 500 指数基金带到消费者的身边。博格尔为消费者提供了一种切实可行的方法，使用买入并持有策略管理市场投资组合，且费用很低。1977 年，彼得·林奇接管富达麦哲伦基金，这也是全美国第一个主动式管理基金。到 1980 年，共同基金资产达到近 950 亿美元，在 20 年的时间里每年以 9.3% 的速度上升。在接下来的 30 年里，增长率继续上升至 17.4%，几乎是之前的两倍。

　　美国的 401（k）计划是美国国会在 1987 年《国内税收法》中修订的第

401条k项的规定。到1980年时，美国各大公司开始平稳地用低成本的401（k）计划取代之前的养老金计划。401（k）计划和个人退休账户（IRA）这一对密不可分的产物刺激了经济的增长，到20世纪80年代末，可管理的共同基金数已达到8200，总基金资产接近7万亿美元。通过401（k）计划和IRA储蓄计划，数以百万计的美国人每个月都会将工资中固定的一部分投入共同基金。美国投资公司协会预测，到2011年时，美国的共同基金产业将迎来总共8684个基金和总基金资产达11万6千亿美元的繁荣景象。

共同基金资产主要集中在大型基金公司。最大的5家共同基金公司持有40%的资产，最大的10家共同基金公司持有53%的资产，最大的25家共同基金公司持有73%的资产。在过去10年中，主要资产集中在大型公司的趋势一直平稳。

从1982年到2000年的牛市周期中，共同基金开始取代银行而成为美国财富的宝库。在许多美国人的心目中，如富达公司在内的大型基金公司越来越像公共事业机构，而不再仅仅关注创造力和主动性。可靠性和可预测性成为两大主要指标。

图12-1显示了投资公司持有家庭资产的份额。从1980年到2011年，家庭资产的份额从3%上升到23%。到2011年底时，投资公司持有全美29%的已发行股票。

因为共同基金代表着退休计划将近一半的价值，所以如何投资共同基金成为股票行为的主要驱动力，同时也让投资者开始思考买入共同基金时所面临的风险的类型。

不败而胜

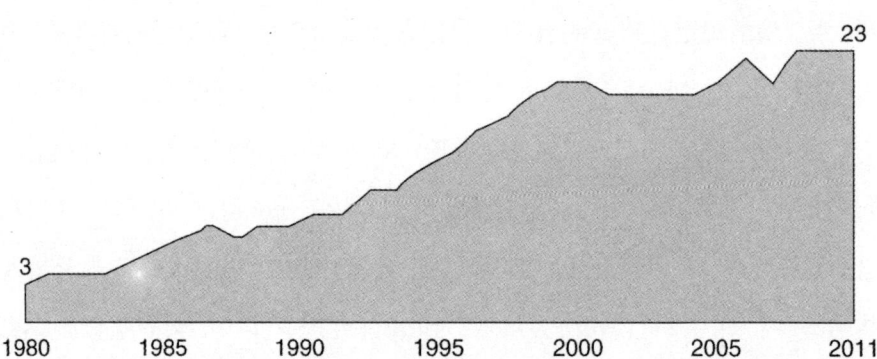

注意：注册投资公司持有的家庭资产包括家庭持有 ETF 基金、封闭式基金、UIT 以及共同基金。这些共同基金的来源包括私营雇主发起的固定缴款（DC）计划、个人退休账户（IRA）一季可变年金。

下面两张图展示了家庭退休账户中共同基金的百分比

基于退休车辆类型的退休资产中共同基金的百分比

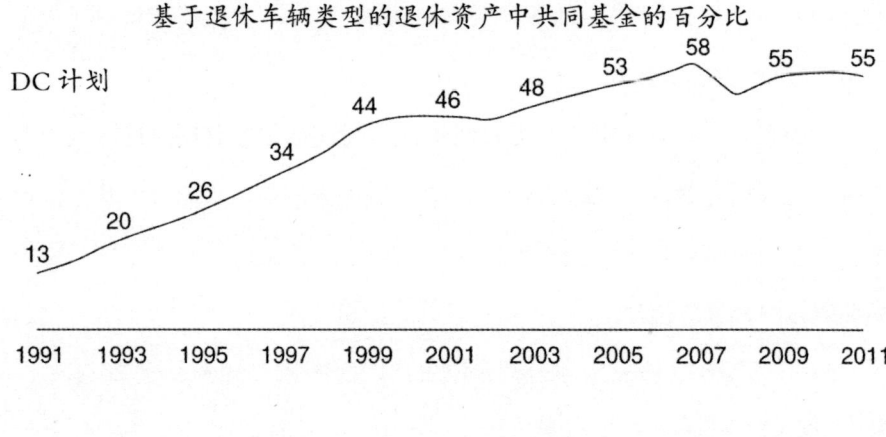

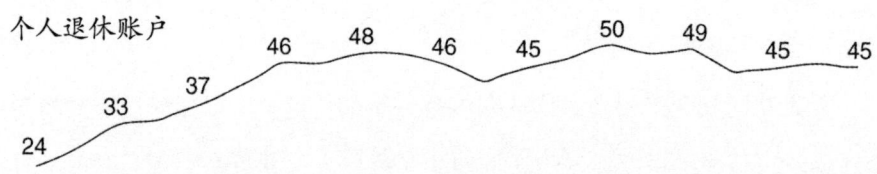

DC 计划包括 403（b）计划、457 计划以及包括 401（k）计划在内的私营雇主发起的 DC 计划。

图 12-1　注册投资公司持有的家庭资产份额在 1980 年到 2011 年期间从 3% 上升到 23%

（数据来源：美国投资公司协会和联邦储备委员会）

从 1992 年到 1996 年 5 月 23 日这段时间内，杰弗里·维尼克管理着世界上最知名的主动型管理共同基金——富达麦哲伦基金，他在位期间平均年回报率达到 17%，超过了同时期标准普尔 500 指数 11.6% 的回报率。不同于彼得·林奇这样的明星管理者，杰弗里·维尼克在使用从下至上的方式挑选股票以前，会先使用从上至下的方式进行分析。彼得·林奇使用的是从下至上的投资风格，并且爱买入他个人非常熟悉的公司的股票。杰弗里·维尼克和乔治·切斯纳特持有一样的观点，他认为在表现不好的行业挑选表现好的股票只会让人失望。杰弗里·维尼克把投资聚焦在那些他认为形势良好的行业。1995 年，当彼得·林奇从各行各业一共挑选了 1400 只股票作为投资对象时，杰弗里·维尼克的股票总数还不到 475。

彼得·林奇的成功看上去并不好复制：在作为基金经理人长达 13 年的时光里，他获得了平均每年 26.4% 的回报率，高出标准普尔 500 指数（13.3%）将近一倍多。至少各大媒体就是这么宣传的。真实情况是，富达麦哲伦基金公司是一个孵化基金，在 1981 年之前只对富达员工开放。事实证明，如果统计对象是非富达员工，投资者从 1981 年到 1990 年的平均年回报率是 13.4%，低于同比标准普尔 500 指数 16.2% 的表现。

当资产基本值达到将近 1 亿美元时，基金才迎来了真正的春天。当资产基本值达到几十亿美元并且基金数上升到 1400 只股票时，富达麦哲伦基金本质上已经成为了一支高费用的秘密指数基金。在 1990 这一年，已经 46 岁的富甲一方的彼得·林奇选择退休。紧接着，他写了三本让自己名利双收的投资著作：《选股战略》、《战胜华尔街》和《学以致富》。

让我们把时光倒流到十几年前。彼得·林奇 1966 年以一名实习生的身份走进富达投资公司时，部分原因是他曾经在马萨诸塞州牛顿市的 Brae Burn 乡村俱乐部为那时的富达集团总裁当过球童，但有趣的是，到今天为止没有人记得那位前富达集团总裁的名字，众多投资者记住的是这位曾经的小球童。

杰弗里·维尼克的投资风格和彼得·林奇的投资风格和市场投资组合有着天壤之别，他赞同主动投机，他意识到，在糟糕的居住环境中选一间好屋子，远不如在一个良好居住环境下选一间不尽如人意的屋子；也就是说，行业的总体财富和行业市场状态对所选股票的表现有着重要的影响。

当杰弗里·维尼克不再持有多元化的股票时，他的收益正慢慢偏移指数基准。富达管理层认为这种方式和客户群的投资目的不符。资金之所以能够流进富达麦哲伦基金，正是因为投资者期待市场一致性风险（标准偏差）所需的成本最小。杰弗里·维尼克所做的，只是在增加收益的波动性，在那段时间里，基金的收益远远低于预期回报。

1995 年，杰弗里·维尼克管理下的富达基金的投资回报率是 36.8%，同时期标准普尔 500 指数的回报率是 37.6%。只是 0.8% 这么小的落差，却让投资者在那一年的年底心情跌至谷底。1995 年 12 月，杰弗里·维尼克做出了一个对他的职业带来毁灭性影响的市场择时决定。他把公司 500 亿美元基金中的 32% 变换为现金和债券。此外，他持有的技术股的占比在 1995 年 9 月底是 43.2%，到 12 月底时，只有 8.4%。他选择的时机实在太糟了。利率开始上升，影响到他的债券持有，而技术股则大步踏进牛市周期。5 月底，杰弗里·维尼克离开了富达麦哲伦基金。

如果股市走势一如杰弗里·维尼克所想象的那样，富达麦哲伦基金一定会将他奉为敢于迎着风险前行的市场引领者。在杰弗里·维尼克管理富达集团这四年的时间里,他的累计回报率达到83.7%,比同期标注普尔500指数的累计回报率高出5.91%。然而,他的故事给我们留下的经验是:投资共同基金应该如同投资秘密指数基金;选择带来中等回报率的基金不会损失资产;选择偏离基准太远的基金会给投资者带来较高的风险。

杰弗里·维尼克的故事对共同基金行业有着深远的影响,他曾经因为管理美国第一个共同基金而成为备受尊敬的投资界巨星,他离开富达集团时也给行业带来了一个再明确不过的信息:不要选择全由自己负责的买入并持有的投资策略。

离开富达集团之后,杰弗里·维尼克创立了维尼克资产管理公司。仅仅前11个月内,基金就上升了93.8%。在后面3年的时间里,他的平均年回报率达到将近50%。到2000年底,他把投资者的钱(约42亿美元)悉数奉还,开始专注管理自己的投资组合。现在他是坦帕湾闪电队和坦帕湾风暴队的股东,同时也在波士顿红袜队拥有少数股份。

事实证明,杰弗里·维尼克的确是一位天赋异禀的资金经理,如果他当时能坚持下去,一定能让客户满意;但遗憾的是,这位绝顶聪明的主动管理者,却成为错误地选择市场时机和坚持使用买入并持有策略的反面教材。

从1990年到2010年6月,富达麦哲伦基金获得了7.8%的年回报率,同比标准普尔500指数的年回报率低了0.4%。对于当下追逐高质主动管理的投资者而言,他们的第一选择是对冲基金,因为对冲基金通常具有高收费、锁定协议和低透明度的特点,并且只允许富有的投资者参与其中。大多数共同基金都试图遵从市场基准,而基金管理团队也将接近基准作为他们的主要目标,而不是关注在市场下跌期如何保护资产。

第 13 章 范式转换

一、转换 1：买入并持有时期

从人类开始交易那一天开始一直到 20 世纪 70 年代，主动交易都被认为是标准的交易模式。如果你在 20 世纪 30 年代告诉人们买入并持有策略是投资股票和积累财富的最好方法，他们一定会认为你在说疯话。大多人都很清楚，在股市的起落中，通常在股市上升期有可能盈利，而在股市下跌期有可能赔钱。大多数理性的投资者都直观地认同在股市骤跌时应该尽力减少市场份额。

20 世纪 70 年代时，一些碰巧发生的事件使得买入并持有策略成为得到普遍认可的最佳投资方法。买入并持有理念下的投资还意味着你买入的时间点对回报的影响会随着时间的推移而不断降低。无论投资者买入股票时正处于股市虚高（纳斯达克指数 5000 点）还是股市低谷，随着时间的推移，这对预期回报的影响将并不重要。尽管今天我们完全明白这种理念是一种误导，因为估价的差异化是不争的事实，而且这种理念并不适用于大多数人的投资时间框，但是在 30 多年的时间里，买入并持有策略是一种行业标准。

马克维茨、夏普、萨缪尔森以及其他金融经济学家，在 20 世纪 50 年代、60 年代和 70 年代主导着投资理念的探索。随着买入并持有成为一种学术理论，越来越多的年轻的金融和经济专业的毕业生们在进入金融的世界时，都坚定地认为现代投资组合理念中有最佳的投资方法。从 1982 年到 2000 年这段时期，这些毕业生中的许多人都抓住了现代股市历史中最大的牛市机会，身处投资的最佳时期。根据 StandardandPoors.com 网站的数据显示，从1970年到2009年标准普尔500指数包括分红在内的年回报率是10.1%。所有认同在股市每7年就翻番的时期采用买入并持有策略的理念，都深受好评。买入并持有策略成为专家们所推荐的最可靠的投资方法，简单易用，效果明显，且具有节税的特点。

1975年5月1日，美国证券交易管理委员会（SEC）取消固定佣金制度，使得股票交易成本大大降低。过去，证券经纪行主要关注的是机构和富有的个人投资者，其他类型的投资者都很难进入股票市场。取消固定佣金制度后，股市180年以来头一次基于市场竞争来确定交易费用。固定佣金制度的撤销开启了一个全新的行业——折扣经纪商，也就是说，那些自我管理的个人投资者可以独立交易股票，而不再需要股票经纪人。那些基于交易佣金获得收入并受制于投资银行研究的股票经纪人，通常会主动地管理组合资产。个人投资者现在已经可以通过如嘉信理财这样的公司开始股票交易，他们关注交易成本，而采用买入并持有方法能最小化交易成本。

产生了个人退休账户（IRA）和401（k）的相关法律，不仅使华尔街更像一条主体街，同时也产生了被动投资者。个人投资者取代了主动型公司养老金经理，这些个人投资者因为没有接受相关的培训，所以也不懂如何主动管理。401（k）计划为个人投资者带来的投资机会，就是一种买入并持有型的投资。投资者只需每月固定投入，完全无须选择市场时机。术语"平均成本法"就是用来描述这种定期买入模式的。许多401（k）计划的个人投资者都没有意识到他们的资产正每月流入股票投资。随着股市定期上涨，也就没有压力要去过度分析股市投资的潜在风险，尤其当投资是为了一种长期目的，比如退休。

股票在20世纪70年代中后期在最低点时被卖出。标准普尔500指数的市盈率只有个位数。当股票处在最低点时，预期10年期股票的年回报率只有大约15%。颇具嘲讽意味的是，尽管投资者一直被告知只需买入并持有即可，无须关注股票估价，但是牛市的一开始正逢股票估价的低点，正如沃伦·格林所言，"想要拥有一个成功的共同基金，最好的办法就是在低点买进"。

从 1945 年到 1964 年，这个时期婴儿潮人口高达 7600 万人。婴儿潮的第一波人群在 1982 年已经进入投资的黄金时期。在 20 世纪 60 年代末，只有 15% 的家庭做股票投资。随着 20 世纪 70 年代 401（k）计划和个人退休账户的到来以及对股票投资能带来最好的长期收益的信念，越来越多的婴儿潮人群开始将储蓄用于股票投资。到 1995 年，过半的美国家庭都拥有股票。新一代投资者已经完全从 1930 年的大萧条中恢复过来。

许多投资者，尤其是那些大客户，会用到投资顾问。美国投资公司协会的研究发现，在那些持有非退休计划的共同基金的投资者中，有 80% 是在金融专业人员的推荐下持有股票。这些投资专家倾向于分配资产，这一点和主动管理型基金经理人刚好相反，在他们看来，对客户投资组合的股票分配大多是基于买入并持有模式的。

在共同基金公司内部，管理越来越关注匹配市场回报而不是超过市场回报。维尼克的经验帮助行业内部将重心聚焦在费用收取，而不是股票的突出表现。大型基金管理公司普遍是趋避风险的。如果基金经理要管理股票，估计基金会停留在股票中。在今天的大多数共同基金的运营中，维尼克的大型战术资产分配策略几乎闻所未闻。短期看来，维尼克的市场择时决策做得并不好，他错失了重要的股市上升趋势，他的债券也因为利率的上升而遭受打击。总体而言，基金管理无法很好地为投资者解释为什么他们没有在股票增值时留在股市。如果一个共同基金要留住投资者的成本局限于股票，并且会影响上升趋势，那就这样吧。

只要基金的表现和大盘持平，个人投资者通常不会把资金从共同基金中抽离出来。从基金公司的角度而言，最终目的就是要构建资产管理规模（AUM）和征收费用。相比起让股票的表现持续优于大盘并且通过基金表现吸引资产，简单和安全得多的做法是让股票表现持平基准指数和负责一个具有坚实客户关系的市场部门。当资产管理模式 AUM 聚集起几十亿甚至是上万亿美元，并且仅仅为了把基金的钱花出去而强行购买大量股票时，这一点尤其准确。

一旦你拥有几十只股票，你的投资组合的表现就不会和大盘相差甚远。研究说明，如果你随机选择了 18 只股票，就能通过多元化分配获得约 90% 的收益。如果你的股票选择并不那么随机，20 到 30 只股票的组合可以转移 70% 的风险，保证你的投资组合的表现不会和大盘差得太远。

共同基金投资组合经理管理着几十亿美元的基金，数目众多的基金让他们无法对所持股票一一了解。这些基金对大多数资产的所有权都没有主动性。对投资者而言，所支付的主动管理费用其实都用于被动持有了。

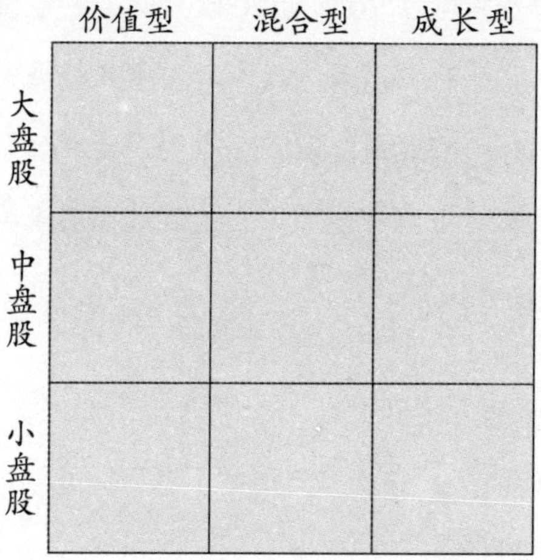

	价值型	混合型	成长型
大盘股			
中盘股			
小盘股			

图 13-1　风格箱

风格箱一般用来描述被贴上某种标签的基金,如大盘价值股和小盘积极成长股等。风格箱根据投资风格来审视基金。这些风格的定义有时是比较严格的。如果某一个基金不适合某一预先定义好的风格箱,这个基金的分销渠道之路会很艰难,而且不可能构建资产管理规模。考虑到终极目标是要构建资产管理规模,所以共同基金不能偏离于风格箱。事实上,基金是基于所谓的风格转移来评估的,一旦有风格转移,基金会被扣分。

人口统计学、个人退休账户、401(k)、20年牛市、学术理论、风格箱以及行业规模,共同导致基于买入并持有模式的零售投资业举步维艰。因为许多基金的指数不高,并且还背负费用,所以零售投资行业的整体表现不好。研究证明在过去几十年的时间里,主动型共同基金的平均阿尔法值是 −1.15%,这说明平均下来共同基金每年的表现低于投资基准 1.15%。更重要的是,对于那些认为股票多元化是唯一的风险管理活动的投资者,直到面对自 2000 年后的纳斯达克泡沫和信贷危机,他们才猛然醒悟。

行动——反应,这是另外一种情形。投资者开始思考是什么让共同基金投资组合经理和投资顾问在 2008 至 2009 年的金融危机中一败涂地,他们不再愿意接受买入并持有的信条。投资者希望并且需要资产能服务于他们。如果他们搭乘的是一艘股票之船,至少得需要一名救生员。许多对这艘船失去了信心的投资者宁可弃船而去,他们选择追求绝对收益而不是相对收益。

二、转换 2: 主动管理的回归

过去 25 年来,说明买入并持有策略并不是万能的第一大信号,是 2000 年到 2002 年网络泡沫和科技股的骤跌。对于那些没有意识到此严重性的投资者而言,2008 至 2009 年的金融危机是一记响亮的耳光。从 2005 年 6 月到 2010 年 6 月这一段时间里，标准普尔 500 指数下跌了 10.4%。从 2000 年 6 月到 2010 年 6 月这一段时间里，标准普尔 500 指数甚至下跌了 26.0%。

消费者新闻与商业频道（CNBC）曾经引述，根据艾伦·纽曼的《逆流》投资简讯中的数据，截至 2012 年 7 月份，标准普尔 500 指数交易所交易基金（SPY）的平均持有周期少于 5 天。SPY 的全部资本每周至少周转一次。这主要是源于机构交易的介入，但这也暗示着世界正逐渐远离买入并持有模式。

1997 年，对冲基金控制着价值将近 1000 亿美元的主动管理型基金。如今，对冲基金的资产管理规模达到大约 1.7 万亿美元，而基金中基金控制的资产达 5550 亿美元。图 13-2 展示了从 1997 年到 2010 年以来对冲基金的资产增长。从纵轴可以看出对冲基金的资产之于全球股市的百分比。从横轴可以看出几十亿美元的管理资产。总体而言，当基金不再只是流向股票，资金就会流入对冲基金，并赢得市场份额。

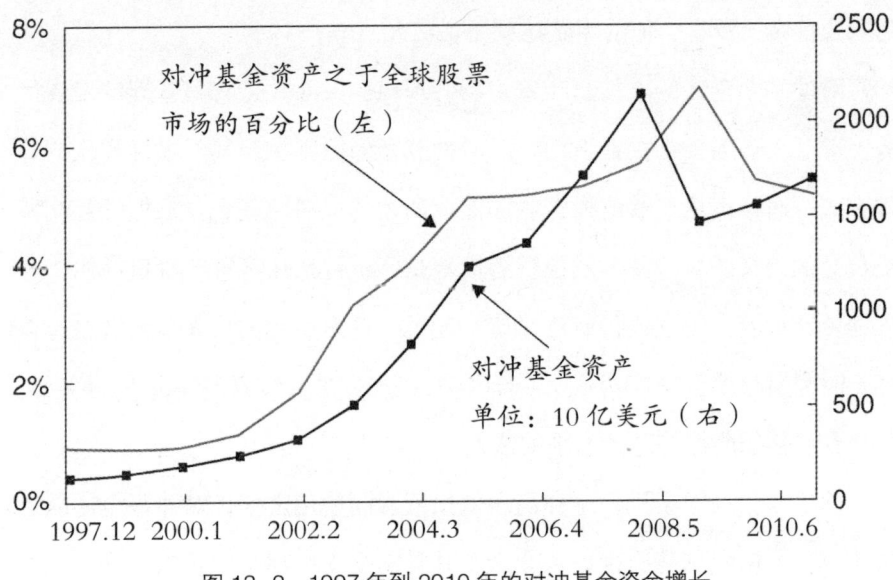

图 13-2　1997 年到 2010 年的对冲基金资金增长

（数据来源：摩根大通和巴克莱对冲公司——另类投资数据库）

对冲基金说白了就是主动管理，目的是要弄清楚：1. 什么时候买进，2. 买进什么，3. 什么时候卖出。这就是最直观的市场择时。许多对冲基金的交易都是短期的，能带来投资组合高成交量。

对冲基金处于频繁交易中，从而带来了与所管理资产不成比率的交易佣金。因此，投资银行销售和交易团队会将对冲基金客户视为高优先级的客户。对冲基金的表现得益于第一时间获得卖方研究或销售团队的信息。部分源于这样的信息优势，许多高度可见且积极进取的价值成百亿的对冲基金，多年来一直表现优异。

耶鲁大学、斯坦福大学、普林斯顿大学和哈佛大学的捐赠者，长年来都采用另类投资和对冲基金。这些机构是最早认识到在市场上升期聚焦于股票，在市场低迷期采取保护措施的组织。因为有这些捐赠者成功的投资案例，许多投资者都试图模仿他们的投资方法。2007年，太平洋投资管理公司（PIMCO）雇佣了哈佛管理公司的前CEO穆罕默德·埃尔·埃利安作为联合首席投资官，他的年薪达到1亿美元。

对冲基金资产的增长意味着主动管理相比买入并持有型管理的发展优势。对于大多数个人投资者而言，对冲基金的问题在于其不太好实现的管理方式。通常声名显赫的投资者才能成功地驾驭对冲基金。根据证券交易委员会的定义，对冲基金的投资者应该是"不包括住房资产价值在内，个人净资产或者夫妻共同持有的净资产超过100万美元的法人，或者在过去两年时间里年薪至少20万美元（若已婚，则夫妇总共年收入超过30万美元）并且在当年仍能保持这个水平的法人"。

除了仅仅局限于机构型和高净值投资者的使用之外，对冲基金还缺乏透明度，严格限制普通投资者介入，并且需要支付高昂的费用。许多人把对冲基金形容成一个薪酬计划，而非投资者策略。对冲基金会对所管理资产收取2%的费用,并对整体收益收取20%的绩效费用。越成功的对冲基金,收取的费用越高。

越来越多的零售资产管理公司开始为投资者提供主动管理策略,包括为了在市场低迷期达到止损而平衡不同类别资产来获取股票回报。这里也有一个问题,那就是这些做法形成于2009年之后,并没能在不同市场状态下经时间检验有效。

主动交易得益于交易成本的大幅减少。过去包括大幅买卖差价和高佣金在内的贸易摩擦对于快速头寸变化是具有威慑力的。在2001年4月9日之前,股票报价是每1/16增量计价。在1997年之前,股票报价是每1/8增量(传说"1/8系统"起源于西班牙交易者用8个手指数金币)计价或者最少12.5美分的差价。如今,因为有了二进制,差价就更小了。

除差价紧缩之外,佣金也在严重紧缩。直到20世纪70年代,股票的交易是基于纽约股票交易所的固定佣金,最多达到单向交易份额总值的2%(或者交易进出的4%)。有时小额交易的费用竟然比成本多出一倍。如果每股20美元的股票的持有量为10万股,就能创造单向4万美元的佣金。到1996年时,佣金下降到6000美元。到2012年时,同样数额的订单的佣金只有约300美元。

交易的便捷化还在不断继续。折扣经纪公司现在能提供免费的数据和报价系统,先进的电子订单录入和在线账目查看。订单执行只需几毫秒,而不是几分钟,这让交易员更加确信订单交易的价格就是他们在屏幕上看到的价格,如ETF等投资让投资者更快地做出低风险的交易决策。反向共同基金和反向ETF倾向于主动投资,因为主动投资能让投资者无论在上升还是下降的股市期都采取合适的行动。更重要的是,如今的主动管理执行具有价格低廉和方便获取的特点。你只需点击一下按钮,就可以完成股市的买卖。

在 1960 年，根据纽约证券交易所的资料手册，股票的平均持有周期是 100 个月（8 年）。在 2010 年，股票的平均持有周期下降为 6 个月。交易产品低廉的价格和方便的获取，促进了主动股票管理，且预期回报率高于买入并持有策略，在这样的情形下，无疑需要将范式转换为市场择时和战术性交易。如果考虑到税收能刺激投资者持有股票至少一年，这种趋势就更加明显：短期股市收益的税率基于定期的收益率，而长期股市收益的税率基于当前股价的 15%。

在过去几年的时间里，金融媒体越来越多地谈论到风险规避交易和风险追逐交易。欧元的生存能力提高，欧元区主权债务违约的可能性增加，在这种情况下，风险规避交易多指抢购美国国库券。风险追逐交易指的是将国库券的资产提取出来投资股票。风险规避交易和风险追逐交易适用于多种证券的投资，且方式灵活。无论执行形势如何，这代表着投资者的一种认知：安全是第一位的，主动管理是必须的。

颇具嘲讽意味的是，我们结束了与沃伦·格林的电话通话，因为这位从 1977 年到 1979 年管理着免佣金共同基金协会的主席，急切地想要对个人账户进行交易——谁说上了年纪的人不需要学会与时俱进呢？

第14章　尼尔·帕布林斯齐和好港湾公司的故事

　　帕布林斯齐一家在位于美国密歇根州北部的奶牛场工作。和那片地区其他奶农一样，他们每天的工作就是挤奶、除草和清拣石块。农活总是缺人手的，因此农民们都希望多生儿子。尼尔·帕布林斯齐是七兄弟中最小的一个。

　　农场的经历对尼尔有很大帮助。他学会了勤快地早起，勤恳地工作。他学会用简单务实的方式面对生活。一如你所能想到的奶农儿子的生活方式，尼尔简单直接，身体力行且毫无偏见。少年时的尼尔喜欢那些可分析的、系统化的、可理解的，并且最好是可靠的事物。

　　农场生活教会了尼尔什么叫做市场风险。帕布林斯齐一家深深受制于牛奶价格的波动。那时还没有商品期货合同来规避牛奶价格下跌带来的风险——牛奶期货是从20世纪90年代末才开始出现。一位奶农辛勤工作一天的报酬，受制于各种因素，而帕布林斯齐一家并不了解这些因素如何作用。对童年尼尔来说，成为一名奶牛场工人是一种买入并持有的思想。但从那时开始，尼尔就逐渐认识到，有的时候成为一名奶牛场工人是一个不错的职业，而有时则不然。

　　尼尔对数字有与生俱来的天分。他的成绩一直很好，尤其是科学和数学。因为渴望远离奶牛场的生活以及对数字的喜爱和天分，尼尔卖掉了自己的冠军奖章,用换来的钱支付了密歇根科技大学第一年的学费。四年之后,尼尔成为密歇根科技大学电磁学学院电气工程专业的最高荣誉毕业生。因为对数字的天分和学业上的优异表现,他继续在密歇根大学深造,并获得了电磁学学院电子工程专业的硕士学位。

尼尔于1994年进入摩托罗拉公司的手机基础架构团队,他是团队中高精尖的工程师,通过分析数据来提高产品性能,确保手机没有通话中断的问题。尼尔有自己的灰色小隔间,房顶是防火的磁砖,他运用随机微积分和傅里叶转换完成时域和频域的数据转换。尼尔通过自己的努力远离了和奶牛、干草以及石块为伴的农场工作。在20世纪90年代,手机业经历了突飞猛进的发展,而那时的摩托罗拉是手机业的科技领军者。

许多企业里的员工都记得公司推动401(k)计划的经历。我们大多数人都是走马观花地过一遍不同投资选项的历史表现,然后选择当前看起来表现最出色的投资组合——直到公司每年提醒我们重新选择投资方式才重新想起来有这么一回事。尼尔之前从没参与过股票投资,他只有一腔对数字的热爱。对于尼尔而言,401(k)计划就像是另一个工程探险的机会。

尼尔将401(k)投资组合的选择看成一个组合优化问题,他明白如果把钱投入"买入并持有"股票型基金,很可能在未来某个时间点会遭遇股票跌幅。从优化投资组合表现的角度出发,尼尔开始分析如何识别清仓的最佳时间点,从而规避熊市。

尼尔将100年来的股市历史数据导入电脑,进行时域和频域之间的数据转换。他把股市历史数据当做手机和基站数据,采用随机微积分的方法对这些数据进行全面的稳定性测试。强大的数字分析能力驱动他寻找优化的方法。那时的尼尔对金融理论和股市投资全然不懂,他分析这些数据的方式是游离于金融领域之外的。

第一篇
连胜与投资

从一开始研究数据时，尼尔就觉得一直持有股票的状态有点问题。他总听身边的同事说应该买入股票。尼尔那时正年轻，股市也正处于历史上最好的长期增值趋势。在股市抛售之后一段时间内，股票总是能重新恢复活力。那时是20世纪90年代中期，正值牛市周期的第15年年头。在牛市周期中，逢低买入的策略每每奏效，因为市场正处于上升趋势。然而，尼尔通过研究数据注意到，总会在一段很长的时期内（15到25年）股票价格从平稳到走低。尼尔很清楚他活不到200岁，下降的股市周期吸引了他的注意力，他觉得这是一个不容忽视的风险。正如在奶牛场工作的状态一样，有时候你会愿意进入股市，而有时候则不。

从1994年到2000年，全球开始疯狂使用手机。摩托罗拉公司作为手机行业的领军者，股票从60美元升到225美元，几乎达到300%的增长率。对于大多摩托罗拉的职员而言，投资401（k）计划无需太多工程方面的天赋，唯一要做的只是买入摩托罗拉的股票而已。

尼尔继续研究着数据，这些数据告诉他市场不会永远走高。他很清楚，在行情低迷期入市的风险，比错过市场上升期的风险要大得多。他并不执着于挑选跑赢大盘的股票，因为数据告诉他这样的股票不可能一直盈利。相比起来，尼尔更感兴趣的是如何在牛市周期持有股票，并且在熊市周期卖出股票。他对风险管理的关注点并不在于选择持有哪只股票，而在于杜绝在熊市持有股票。

尼尔对农场和波动不定的农场商品价格（如牛奶的价格）非常了解，所以他在第一次证券交易时就选择了农场商品期货。他凭直觉了解这块市场。他明白冒险是人的天性。在形势好的时候，人们会愿意倾其所有地冒险投资——在农场，这种冒险也就是买入新的设备；而在危机时期，人们则会高度警惕，规避风险，为了自我保护，人们会守牢手中的每一分钱。

尼尔并不知道，他的想法和主流的金融理念截然不同——那时风行一时的金融理念是持有股票的预期风险费用是恒定的。

尼尔的工程师背景让他意识到，如果可以度量风险感知的变化，他就能以一种可靠的系统化的方式识别买卖股票的最佳时机。曾经的奶农、现在的工程师尼尔，在这个时刻翻开了人生新的篇章。

此时的尼尔是摩托罗拉公司的一名工程经理，他在401（k）项目上的投资也在不断增加。尼尔没有选择个股，他使用的是摩托罗拉401（k）项目提供的股票和债券指数ETF基金。他主动管理401（k）项目上的投资，并将自己的投资结果分享给同事。每个月他都会基于数据分析和自己的规则来决定是否买卖股票：如果风险高，尼尔就会退出股市；如果风险低，他则100%买入。尼尔不害怕按照数据办事。事实上，这对一个理工生而言可谓易如反掌。

摩托罗拉的股票在纳斯达克泡沫中（2000年3月到2003年4月）从225美元骤跌至25美元左右。摩托罗拉401（k）项目和股票高度相关，也因此遭受将近90%的损失。尼尔许多摩托罗拉的工程师同事买的都是技术股，有些人的股票甚至下跌了70%。

在高科技行业，科技产品的快速循环导致职业变动频繁。对于那些每年不疼不痒地加一点薪的工程师而言，纳斯达克泡沫带来的打击是致命的。突然之间，尼尔在过去5年来一直宣扬的务必远离低迷期股市的理念击中要害。尼尔的解析和数据分析一直走在了正确的路上，他在股市上升期买入股票，并通过计算不断变化的风险意识来规避股市下跌期。2003年，尼尔兼职开了一家投资公司，为那些已经离开公司但还想持续通过401（k）项目成为IRA的前摩托罗拉同事管理资产。

到2004年，尼尔对计量金融越来越感兴趣，他希望能把这个兴趣深入下去，但因为那时他刚刚和新婚的妻子构建家庭，所以还必须继续担任摩托罗拉工程师的职位。从2004年到2006年，尼尔利用晚上和周末的时间去芝加哥大学听课，并在分析金融学专业获得了MBA学位。尼尔优异的成绩让他顺利被挑选为毕业生代表在毕业典礼上发表演讲。

通过MBA的学习，尼尔可以用金融语言探讨变化风险感知以及其对资本资产定价模型（CAPM）和现代投资组合理论（MPT）的影响。尼尔现在可以解释股市的起起落落是源于人们愿意在投资组合中持有风险资产，一旦发生变化，他们才决定减少风险资产。在许多情况下，这种所谓的变化指的就是网络泡沫和2008年的金融危机。即使计划的现金流并没有大的改变，但因为这份风险感知的共同变化会让投资者集体买卖股票，因此这种变化对股票价值会产生巨大的影响。当投资者都卖掉高风险资产时，股票就会一路下跌。

芝加哥大学的MBA学位为尼尔提供了坚实的理论框架和手段，让他继续探索股票管理方法论和评估该方法论与现代金融理论的关联。当他发现资本资产定价模型和现代投资组合理论潜藏的理念是投资者对于风险的观点是恒定不变的时，他很清楚这个理念犯了一个根本性的错误，而计量金融的学位让他在谈到这点时拥有更多的可信度。

在学位、可信度和金融的严谨之外，尼尔在芝加哥MBA的学习中最大的收获是他所遇见的人。尼尔找到了志趣相投的朋友——教"可预知的股市"课程的约翰·科克伦教授。让人感到意外的是，约翰·科克伦教授是经济学家尤金·法玛的女婿，而后者所坚持的理念是，投资者试图运用公开信息来预测股票价格是完全没有意义的行为，因为股价本身已经包含了一切可知信息。尤金·法玛是市场理念体系的架构者。市场理念体系的核心是在股市重新走高之前，你要做的就是接受当前的低谷，究其原因是

不败而胜

股市的不可预知性。

保罗·英格索尔是芝加哥大学 MBA 的一名学生。在密西根大学修完经济学和法学双学位之后，他开办了一家设备金融公司，花了 8 年的时间让该公司在纽约股票证券交易所上市，股票交易代码为 NSV，公司员工共 3500 人。在 1998 年首次公开募股时，公司面对机构投资者的前 3 周内，股市崩盘了。根据最初的计划，首次公开募股应该能筹集 3 亿美元的资金，但最终只筹集到 1 亿美元。NSV 公司从一开始就有致命的缺陷：公司的债务远远高于股权。最终，NSV 公司于 2004 年破产。保罗随后成为芝加哥大学一名 37 岁的学生。

保罗第一次遇见尼尔，是在一堂计量金融课上，那时尼尔是教师助理。保罗很快意识到，这位助教不是芝加哥大学的博士生，而只是一名 MBA 学生，这非同寻常。通常只有很优秀的博士生才能成为助教。

从芝加哥大学毕业时，尼尔 34 岁，而保罗 39 岁。保罗意识到这个年纪已经无法开展典型的 MBA 职业规划，比如进入投资公司、私人股权公司或者投资银行公司。他也没有高管层的经验，最终他选择在一家私人股权公司担任首席财务官（CFO）。正当保罗要开始这份工作时，这家公司与另一家有着更资深的 CFO 的公司建立合作关系。这位新 CFO 只看了保罗一眼，就断定这不是他想要合作的人选。几个月后，公司给了保罗一笔可观的赔偿款，与他解约。

尼尔在好事达投资公司成为了一名分析员。从 2006 年秋天和 2007 年上半年，好事达投资公司买入了 3A 评级的担保债务凭证（CDO）。CDO 债券的收益率比美国国库券高 75 个基点，好事达投资公司想弄清楚这个收益率是否足以承受潜在的风险。当时的公司员工里没人知道如何准确地回答这个问题。金融危机的前一年，CDO 因为其最高的信誉评级和相对收

第一篇
连胜与投资

益高而成为金融机构的"抢手货"。

尼尔创建了一种模型,证明证券有很多弊端,好事达投资公司随即停止购买CDO。不到一年之后,金融危机席卷全国,CDO的交易价格降到每股5美分。

好事达投资公司立即聘用尼尔为投资组合经理。这又是前所未有的事情:尼尔才刚刚毕业一年,他之前还从未有过在任何公司担任投资组合经理的经验,尽管在管理401(k)项目上,他在很多摩托罗拉同事们心中都是一把好手,但他还没有专业到负责管理4亿美元的CDO投资组合。

这时保罗打电话过来了。保罗当时没有工作,但手头有一笔钱,他认为这是和尼尔共同创办一家资金管理公司的最好时机。保罗已经40出头了,他有一种强烈的机不可失时不再来的感觉。很快,尼尔听从保罗的建议离开了好事达投资公司,这让保罗颇感吃惊。尼尔固然对自己的战术性资金管理方法充满信心,他也知道要把公司办起来的关键就在于他和保罗是否能够全职投入。就这样,尼尔和保罗成立了好港湾金融公司。

尼尔和保罗做的第一件事,就是意识到CDO每股5美分的交易价格实在太低了。尼尔的估价模型就是买入,买入,再买入。尼尔和保罗买了一个小型基金和5个CDO债券。这5个CDO债券都是公司债券而非普通抵押债券。一年之后,他们卖掉了1个CDO债券,换成现金回报给所有投资者,而剩下的4个债券让他们的盈利翻了5番。

2009年,他们俩发现将尼尔的投资方法推向市场的最好的方法,就是通过投资顾问卖出独立账户资产。这一市场对他们而言是一片空白的领域,通过一个朋友的朋友,他们俩被引荐认识了马库斯·富兰克林,3天之后,马库斯负责公司的行销。

马库斯和他的妻子卖掉了市区里的公寓,在郊区买了一间小屋。他们

151

甚至卖掉了车子和电视。他们省吃俭用，每月花费1500美元。马库斯新加入的这家公司几乎没有资金，没有网站，没有语音通讯，也没有资产分配。

好港湾公司的第一个工作室非常小，无法同时容纳尼尔、保罗和马库斯3个人。作为加入的第三个人，马库斯得想出解决办法。他来到五金店，买了一些基本的家用改装设施，给自己建了一个地下工作室。他自己糊好墙，安装好电线，组装好电脑。之后，他几乎手机不离手地开始打电话，每天12到14个小时随机拨打号码，寻找潜在客户。

尼尔早在摩托罗拉主动管理401（k）项目时，就已经埋下了投资管理的种子，而在好港湾公司，这粒种子已经长成一棵参天大树。尼尔基于规避股市下跌期的策略成立了"美国战术核心"基金。2013年4月是该基金成立10周年的日子。美国股票市场经历了自2008年依赖稳定的资金外流之后，尼尔的投资策略已经为他带来了每月上亿美元的收入。2008年，当标准普尔500指数下降37%时，尼尔的战术策略使他的收入仅下降了0.07%，这还是在扣除了管理费用的前提下的数字。和整体市场的波幅持平，尼尔的团队在头10年的收益超过标准普尔500指数平均年收入的两倍，而最大涨幅还不到标准普尔500指数的一半。

尼尔和好港湾金融管理团队会衡量风险认知。当投资者要求高风险溢价来持有股票时，好港湾公司100%会卖出所有股票，退出证券市场，并买入美国国库券。当风险水平下降，投资者更加投机时，好港湾公司通过指数ETF基金买入更多的股票。好港湾公司没有使用移动平均线模型来衡量风险（具体参考第7章），相反，好港湾公司以一种更规范的和量化的方式监控经济形势、收益曲线动态图以及动量措施，并最终做出每月的分配决定。基本上，尼尔的量化风险收入模型和移动平均线模型能达到同样的目的。这两种模型的核心都是不败而胜。当风险上升时，收回风险资金；

只有在风险水平不高的时候,才进入市场。

让我们把目光放回到农场——尼尔的父母正在做一些创新:他们花了好几年的时间把石块清理出农场,并铺上干草,这之后他们开始重新打量这些石块,也许农场真正的价值来源就在于这些石块,而不是奶牛或者牛奶。事实证明农场坐落于一个大矿脉中,是商业采砂的一块宝地。正如这个家庭中最小的孩子因为以一种全新的视角看待投资环境而致富一样,帕布林斯齐夫妇破除陈规,用全新的方式思考和规划农场的未来——他们一下子就变成了有钱人。

当人们问尼尔如何了解自己的体系是否依然奏效时,他通常会说,最重要的一点是,过去的结果不能担保未来的收益。然而,对风险变化的容忍会随着环境的变化而变化是人的一种天性。用这种办法投资,人性和害怕及贪婪的情感也不得不改变。我们都希望在股市中盈利,避免进入股市低迷期,我们中的许多人都认为这是不可能的,但就像帕布林斯齐夫妇从石块的角度重新打量农场一样,尼尔也用一种全新的眼光看待股市,重新思考如何预先了解投资者的风险忍受度——有时越是明显的东西越是难以发现。

尼尔、保罗和马库斯都是注重思考的人。当他们看到人们使用好港湾战略方法后所展现出来的改变,会激动地全身起鸡皮疙瘩。好港湾投资策略的结果就是要让更多的人了解好港湾公司。当投资者到来时,他们会与公司进行交流。而在交谈的最后,人们通常会说:"这就是我们一直想要的好办法,只是我们总是被告之这样做是不对的。"

许多个人投资者在2000—2003年和2007—2009年的熊市中遭受重创,那时他们身边围绕着一系列的流行词,比如现代投资组合理论和多样化。许多投资者再也不愿接受坐以待毙的命运。现在,个人投资者会咨询投资顾问如何保护资产，大部分顾问都没能给出很好的答案，他们并没有系统的办法用于动态管理投资组合，以规避市场低迷期。

要点内容

尼尔看到了波动不定的牛奶价格带来的巨大影响，并认识到风险管理的一个核心元素是在熊市周期限制交易。尼尔认为股票交易的目的是要在牛市周期盈利，并且在熊市周期限制交易。

尼尔的数学天赋和工程师的工作经历，使他更容易用一种系统化的理性的方法来判断熊市和牛市。尼尔希望用一种模型化的方法来进行回溯测试，将真正的结果与模型结果进行对比，以确认模型的预期效力。

尼尔认为了解市场波动的最好的办法就是评估投资者的风险意识。评估风险意识绝非易事，尼尔认为可以使用风险情绪代理指标。当这些代理指标被评估并合入规范模型之后，也就可以预估股价了。

尼尔关注的是股票动态的基础和首要驱动力，他认为战术和市场风险相关，但并不是指如何分配不同风险度的资产，他眼中的战术性是风险的规避，而不是对风险资产进行调整。

在制定好港湾公司的战术策略之前，尼尔试图在401（k）项目中找到规避股市低迷期的更好的办法。因为他不是金融科班出身，所以他的头脑中不会充斥着金融利润，也不会从一开始就被灌输一些所谓正确或错误的方式。尼尔用完全开放的心态和探索真理的精神看待投资，他并不试图通过数据来证明或否定某一主张或已有的投资理念，他所探寻的是股票和股市动态的深层次的原因。

尼尔开放的心态和渴求真理的态度，同样在索尼、M先生和迈克等人身上闪光。许多成功案例中所采取的投资方式，都是被当时的专家们所不认同的。开放的心态是找到更好办法的关键所在。

第一篇
连胜与投资

　　一旦你能够识别市场趋势并制订好行动计划，做到充分利用市场趋势最困难的一点，也许就是如何制定规则来实现计划。在迈克的案例中，规则是从1973年到1974年熊市的惨痛经历中获得的；而在尼尔的案例中，规则来自他强大的分析方法——正是这种分析方法让尼尔正确发现事物之间相关联的本质，并给出相应的措施。

第 15 章　什么是战术性投资

投资百科中对战术性投资的定义是：一种重新平衡不同类别下资产占比的主动的投资组合管理策略，目的是要充分利用市场异常定价或强大的市场部门。我们对战术性投资的定义类似于投资百科中的定义，只不过我们更侧重止损，而不是盈利。

战术性股权投资人通常会认同以下几点：

1. 在你的投资生涯，很可能要面临一段股市贬值期，这段时期带来的损失以及弥补损失所需的时间，甚至有可能彻底摧毁你的投资目标。

2. 在你的投资生涯中，股市很有可能从未经历过大的增值，因而无法达到你的投资目标。

3. 在股票投资之前，你应该确保制订好详尽的计划，来应对可能发生的问题 1 和问题 2。

沃伦·巴菲特给出的投资第一大原则是"不要输钱"，第二大原则是"不要忘记第一条原则"。

如果我们将战术性投资比喻成过马路，那么我们的目标就是要安全到达马路另一边，而我们所采取的战术就是要在没有车辆经过的情况下到达马路对面。在开始行动时，我们会关注是否有堵车、受伤甚至丧命的情况，而不仅仅是考虑顺利平安地过马路。如果撞车的几率很高，这种情况下过马路可不是闹着玩的。我们过马路的前提是左右看好路面情况，并确保不会有危险发生。同样，我们只有在聚焦于避免重大损失的前提下才可能成功。

这种方法在投资中同样奏效。我们的目标是通过持有股票来积累财富。然而，如果当下投资会损耗财富，我们就会选择不持有股票。在开始投资之前，我们会仔细审视，确保风险足够低。如果风险太高，则退出股市。只有风险很低时我们才会继续投资。

约翰·美奈德·凯恩斯也许是第一个使用短期指标来预测股市的知名交易员。凯恩斯从1919年8月开始他的交易生涯，那一年他36岁。他的经纪人一开始给他提供了10∶1杠杆。

作为一名经济学家，他对美元的走势充满了信心，但并不看好欧洲货币，因此他的投资组合中美元占了绝大部分，而法国法郎、意大利里拉、印度卢比、德国马克以及荷兰盾则占比很少。到1920年春天时，凯恩斯的初始投资翻了四番。这时他并没有选择巩固自己的盈利，而是花掉了这些账面收益。

正如许多设计复杂系统的预测一样，随着时间的推移，事实证明凯恩斯对货币的预测并不正确。1920年5月，欧洲货币异军突起，走势超过美元。因为10∶1杠杆且没有锁定利润，凯恩斯很快就输光了几乎所有资产。到5月底的时候，要不是有从朋友那儿借来的钱以及他最新出版的著作《和平的经济后果》的收益，在收到经纪人的追加保证金通知时，他就要面临破产了。凯恩斯费尽周折才凑够了钱继续投资。正是这份宝贵而惨痛的教训让他说出了那句名言：市场上非理性的状态可以持续很长时间，甚至直到你破产的时候，这状态依然在继续。

初尝股市的苦果后，凯恩斯变得不那么学术和理论派，他放弃大篇幅的经济预测，转而使用短期交易指数。到1920年12月，他已经能够还清所有的贷款。接下来的 4 年里，他的初始投资的回报率达到 1345%。他保守地选择了平仓，获得了财务自由。

凯恩斯的投资经历中最有趣的教训之一，就是过度依赖长期预测。即使对于行业专家而言，预测过于长远的未来也是很难的。IBM 的创始人托马斯·约翰·沃森曾经说过："我认为这世界大概只需要 5 台电脑。"美国数字设备公司的创始人肯·奥尔森曾经说过："家里完全没必要摆一台电脑。"1997 年 10 月 6 日，当戴尔公司的创始人迈克尔·戴尔被问及如果他是斯蒂夫·乔布斯会怎样经营苹果时，迈克尔·戴尔放话说："如果我是苹果老板，就会果断关门大吉，把钱还给股东。"2007 年 3 月 28 日，当时的美联储主席本·伯南克在国会上发言时说："次级贷款市场的问题对经济和金融市场的影响，似乎是可以得到控制的。"在未来两年的时间里，次级房贷市场导致的问题几乎使得美国经济完全失控。美国深深陷入经济大衰退。当我们回首过去，很难相信这些智慧超群的专家们竟然犯了那么大的错误。

统计学家无法很好地预测罕见事件的一个原因是，他们一旦获得更多数据，就会变得过度自信，当样本量增加时，对统计计算结果的自信也会呈非线性状态增加。试想在政治大选中，如果 3 个人要对 3000 人进行调查，一旦样本量增加，对预测结果正确度的信心也会从一开始的和统计无关上升到 90% 的置信度。

这里有两个问题。第一个问题是，也许样本量并不包含所有内容，但这并不意味着这些不包含的内容就不存在。如果你聚焦于 1982 年到 2000 年的市场收益，你可能会坚信股市的增值是以低双位数增长的。事实上，一直到 2000 年许多投资者就是这么认为的。但很快，纳斯达克指数下降了超过 80%。我们在 1982 年到 2000 年期间并没有察觉到股市 80% 的下跌，

但这并不意味着这种情况就不会发生。

对一定规模数据集的检查，不可能发现所有的问题——从2007年底开始的次级房贷市场的崩盘就是一个明证。从某种意义上讲，让某位专家做出预测会带来一个问题，也就是这个专家对数据集（基于该专家的个人经验而形成）的了解并不包括所有可能的结果，因此，专业性反倒滋生了一种危险的偏见。

使用概率模型进行预测的另一大困难在于，概率通常并不是独立的。概率数学使得许多聪明人高估预期结果的准确度。事实上，常用于经济学的概率模型并不适用于真实场景，并且很大程度上起到了误导投资者的作用。

正因为长期预测总是出错，好的战术性投资才应该确保在正确几率高的时候使用系统化和标准化的模型进行资产分配决策。通常对市场风险水平进行为期一周到一个月的评估是最准确的。从市场角度而言，过度延长评估周期会极大地增加评估结果的不确定性。不光评估周期过长会带来预测方面的问题，评估周期过短一样不值得提倡：如果以小时或者天的维度来预测市场，人们容易忽略随机波动性方面的中期趋势。

在做出有效战术性市场分配的决策中，在精细化交易和粗放式交易之间应该有一个很好的平衡。粗放式交易可能会增加投资组合管理方面的费用，并且影响业绩，而交易速度太慢会使得投资组合面临更大的波动。

在对投资组合资产分配做出改变时，不要逐步行动。对资金分配做出部分改变是投资组合经理用来规避全盘皆输的一种手段。通常投资组合经理不会把所有的资产孤注一掷在一个领域，而会选择多个领域进行投资。这种方式相当于告诉你投资组合会有面临损失的风险，实际上是对主动管理目的的一种否定。如果你的战术模式奏效，务必严格遵从，并采取行动。

有很多战术性投资都面临同一个主要问题：收效甚微。举个例子，加入典型的多头股权共同基金的现金价值从2%上升到12%，那么在市场低迷时，这种细微的改变不会对股市有太大的影响。

2008年至2009年股市崩盘之后，许多主要的共同基金机构都买入战术性共同基金。这种类型的基金最终表现不佳，究其原因主要是大部分基金都是逐步动作的。当股市看跌时，这些基金会一直面临风险。当股市看涨时，这些基金却又不能有效扩大业务并充分利用上涨趋势。

也许重要的是，股权共同基金在过去三四十年里大都保持了高股本率。将基金移入或移出风险资产（股票）不是他们想要的。他们的投资过程和市场聚焦都是为了买入股票，而不是卖出股票。在过去10到20年的时间里，几乎没有机构会花时间研究战略投资模式，他们都是从零开始，没有任何机构保障。

选择正确的战术性资产经理至关重要，你要选择的战术性资产经理应该有长期成功的案例来证明他的投资风格是可靠的。许多公司都基于回溯测试结果买入新的战略型基金，你会发现公司永远都不会买入那些回溯测试结果不好的基金。通常公司会对几个策略进行回溯测试，看看哪一个基金能够在未来创造出更好的成绩。这种策略选择方式很容易带来问题，因为市场周期变化不定，在回溯测试中也许某一种模式在特定市场环境下是奏效的，但这并不能说明该模式在其他市场周期中同样奏效。最后，回溯测试结果还有一点值得提醒：真实环境下的交易问题（比如当日交易的时间、各式各样的执行问题以及费用），总是会影响到将回归测试结果转化为真实审计结果的正确性。

要评估金融危机下的基金表现，我们至少应该把时间线延伸到2007年。2008年的危机彻底击垮了证券市场，也让世界上最聪明的投资经理们颜面无存。多样化策略完全失败。许多共同基金持有者和私人管理账户的财产损失率达到50%。2008年对冲基金平均下降了21%。10%的底部基金骤然下跌的速度是股市下跌速度的两倍：62.4%。其余的基金则如同一场泡影，化为乌有。面临破产的投资专家的数量多得惊人。所有的战术性投资都有它的成本，即便是成功的战术性投资也不例外。战术性投资的成本主要来源于以下三个方面：

1. 短期交易的成本。尽管这些年来交易成本呈下降趋势，但交易总还是要涉及到佣金费用。在其他条件相等的情况下，大量短期交易会影响业绩。此外，比佣金费用更重要的是短期交易的纳税问题。就目前的情况来看，长期资本利得税率和一般收入税率的区别是巨大的。

2. 洗盘的成本。当股市处于盘整趋势时，个人投资者有时会面临被洗盘的风险，身不由己地抛售手中股票，他们的这些交易动作通常不会带来积极的市场表现，却会使得投资组合产生更高的短期投资成本。

3. 错过重要的市场上升期。从投资组合回报的角度而言，错过10天市场上升期，远不如错过10天市场下跌期重要，但在市场重组阶段离开股市的风险，也属于市场择时理论的一部分。如果战略性投资可以避开市场下跌期，那么错过上升期带来的风险也将大大减少，因为这份风险已经不再是驱动投资组合预期回报的重要因素了。

因为避免市场下跌期的优先级要高于交易税收效率，所以战略性资产管理对于个人退休账户这样的延税账户是最有效的，对这种类型的账户而言，交易收益不是以年为单位纳税的，总体而言，只有提取资产时才需要纳税，唯一的例外情况是，退休时的提款期内个人税率是低的。某些情况下，战略性投资项目会有突出的表现，甚至即使是普通投资账户也可以在股市中有卓越的表现。

战略要点

聚焦于止损，而不是追逐盈利。

确保在正确几率高的时间点做出决定。

不要逐步动作。局部被车撞上和被车撞上没有太大差别——干脆地解决问题。

采用可重复的、系统化的和规范的方法做出战略决定。如果你不能保持客观冷静，就很难有效地做出重大的资产分配决定。

如果可能的话，保留延税账户的战术性投资。

在没有制订好系统化的规范的止损计划的情况下买入并持有股票，无异于买一辆车却没有投保。保险不是万能的，但当房子烧毁或者车祸发生时，一份保险却能最大限度地帮助减少你的损失。

第16章　维奈·穆尼克提的故事

我们遇见过许多研究出一套投资系统的交易员，这些系统能帮助投资者低风险地盈利。但许多这样的交易员都无法对交易系统所面对的不对称风险或所有风险做出完美的解释。一旦股市的基本行为发生改变，他们的交易系统也会相应发生故障。我们在这本书中所提到的几位交易员的优秀表现，都是源于他们对风险的认知和管理风险的方式，也正因为此，他们的优异表现才能经得起时间的考验。让维奈·穆尼克提脱颖而出的，除了以上两点之外，还在于他非常了解股市中变化的风险溢价如何帮助债券市场上的交易。

维奈·穆尼克提生于日内瓦湖畔的瑞士洛桑市，他的父亲在获得博士学位之后在瑞士一所大学研究物理方面的学术课题。4年后，全家搬到加拿大的新不伦瑞克省。不久，他们又搬到印度的班加罗尔。几年之后，他们再一次举家搬迁，这一次终于定居在加拿大渥太华。维奈在上大学之前就已经游览了世界的许多城市，这份经历让他学会随遇而安。

维奈在渥太华的一所大学学习机械工程，他对曲棍球、滑雪和独木舟不那么感兴趣，他真正热爱的是定量建模和分析。绕了一大圈之后，他最终回到金融工程学和量化分析，探索金融的发展之路。

从大学毕业之后，维奈在美国加利福尼亚州圣何塞的一家加拿大电信公司找到一份工程师的工作。有一天，在开车去上班的路上，他听到电台里正播放着快速致富计划的广告，其中包括民用燃烧油期货交易。期货交易的复杂性深深吸引着维奈，于是他给身在佛罗里达的经纪人打了个电话。经纪人基于对市场暴跌的预测，承诺维奈一定会获得暴利。相比起挣钱，维奈真正好奇的是复杂的衍生证券之间的相互关联。他抛开对高昂佣金的顾虑，走进投资的世界。

尽管交易民用燃烧油期货的投资计划需要给经纪人支付很高的佣金，但维奈的人生之路就此永远地改变了。坐在小隔间里为雇主开发工程方案的那一年里，维奈就已经深深着迷于更为量化和复杂的金融工程学的世界。

他辞掉了工程师的工作，移居到美国纽约，在一个技术学院听研究生水平的金融工程学的夜课。在白天，维奈的工作是验证衍生定价模型的利率，分析系统化的期权策略，并进行其他的多样化的高层量化分析。完成硕士学位之后，他在一家定量货币管理公司工作了几年，为动量交易系统设计和优化计算机代码以及开发投资组合风险系统。

2005 年，维奈接到一个老同事打来的电话，这位老同事正在筹集资金，打算开发商品期货的趋势跟踪产品，做另类投资，他现在需要一位有创造力的数量分析师来负责编程的工作。维奈愿意加入，于是他们用从一家保险公司筹得的 2000 万种子资金开始了这次冒险。

在机构性计量金融的世界中，再细微的事情也可能成为阻碍你前进的绊脚石。在维奈的例子中，当时的问题在于他们的交易策略和同级团队有 70% 到 80% 的关联，这带来一个筹集资金的问题。你要是觉得这听上去难以理解，那就对了。尽管从概念上来看计量金融的世界是简单的，但是如何有效地执行和用于测量的指标却是极具挑战性的，也是相对复杂的。即使一个策略的总收益是可观的，但如果其他的性能指标不符合标准，机构一样不会选择投资。机构投资者所做的一切都必须解释给董事会，他们需要用冗长的业绩报告解释当前所处的位置。不管怎样,维奈都看到这个项目在筹集新资产时碰到了问题,意识到这点之后,他毅然选择退出。

维奈离开这个项目之后不久,雷曼兄弟公司破产了。华尔街陷入一片失控的暴跌。就业形势每况愈下。当时的维奈对此并没有太过忧虑。从小飘荡的经历让他习惯了这种充满不确定的感觉。维奈来到华尔街并不仅仅是为了挣钱,他来到华尔街是为了投身于复杂的定量模拟工作,运用数学来解释真实的世界。他喜欢用大量元素构建评估模式,从而构建一种稳定的系统化的交易盈利方式。

在金融分析的世界中,许多技术人员都很擅长汇报各种风险来源,他们中的很多人数学功底很强,但缺乏创造力,他们只是在完成上级的各种任务,尽量提前完成。维奈则截然不同,他探索的是如何构建一个完美的交易模型,这个交易模型应该具备高夏普比率,并且和其他交易策略没有关联。

在构建和维护用于交易保险公司资产的商品期货交易项目时,他一直在思考如何构建一个更强健的量化模型。教科书上的投资组合理论除了提供一些基本概念,如通过多样化抑制波动,对维奈基本上毫无帮助。经验告诉他,在真实环境中,动态发展的投资组合权重工具通常都不稳定,运行时会出现各种问题。维奈在做的事情是推动金融的发展,他将工具的价格行为信息和深层的宏观驱动结合起来,试图寻找一种全新的方式,使单一资产策略多样化。

在2008年底,他已经准备好向世界展示他的成果。他创造了一种系统化衡量宏观和动量指标的方式,该成果通过30年期美国长期国债展现出来。他和一家西北部的保险公司进行了交流,这家公司为他的投资策略投了1700万美金。如今,他管理着上亿的资产。

三角洲投资管理公司目前提供的美国长期国债的交易策略，使用的就是维奈的成果，该投资策略与熊市负相关和与牛市正相关的特质，使其成为一个重要的盈利点和整体风险管理策略。2008年，该投资策略带来近60%的回报率，同比标准普尔500指数包括股息在内的回报率下降了37%。

要点内容

索尼、迈克、尼尔和维奈的共同之处在于，他们都在探索一种规范的系统化的方式来控制风险，以正确应对市场环境。说到底，控制风险就是避免重大损失。在市场上升期时加入的动作包括识别上升趋势和及时买入。

维奈的量化交易系统的一个有意思的地方在于，对长期国债而不是股票的使用。维奈的交易模型是用来评估变化的风险感知。当投资者更关注本金是否能收回而不是本金的回报时，他们会倾向于更安全的投资，比如美国国债。国债的需求一旦增多，就会给利率带来下降的压力。不仅需求的上升会降低收益，美联储也会在经济不景气的时候降低利率。

当利率降低时，债券价格会上升。债券的周期越长，债券价格也会随着利率的变化而有更大的动作。

2008年，许多投资者问我们，为什么在指标表现不好时我们不采取卖空的战略。如果投资者在2008年卖空标准普尔指数500，他们能获得37%的收益。然而，他们如果持有体现了维奈的战术策略的30年期美国长期国债，就能获得近60%的收益率。从大多和卖空相关的指标来看，持有30年期美国长期国债的风险是很低的。

使用一种简化交易流程，在市场低迷时提供正回报的工具，来改变投资者的风险容忍度，这就是维奈的发明。在利率上升的情况下维奈的战术策略依然表现出色。当投资者更愿意冒险且利率在上升时，维奈的系统一样适用于30年期美国长期国债之外的投资。

第二篇

使用战术性交易规则从股市投资趋势中盈利

第17章 抓住上升势头并避开下跌期之五部曲

至此,你已经看过一些能够在股市上升时期盈利并且在股市下跌时期通过减少投资份额而得以止损的人和事。此外,在前面的章节中,我们还列举了故事要点、理论依据以及投资时需要考虑到的基于实践的观察结果。

现在,让我们把目光转移到进入牛市和退出熊市的具体方法。实践证明,这些简单易学的投资战术能够成功帮助投资者在熊市保护资产,并通过及时进入牛市来积累财富。

首先要澄清的是,我们所讨论的并不是即日交易。在从秒到天的短期范围内,我们的评估能力随机决定着市场波动。在中期范围内,我们基本上可以成功地预测整体价格水平。

第一步:买入和卖出的时间:学会识别牛市和熊市

你是否听过这么一句谚语:这是一个属于选股者的股市。通常如果有人对你说这样一句话,对方大概是想告诉你,精心挑选出来的股票的表现会优于基准指数的表现。尽管这句话有些时候是正确的,但总有些不得要领。真正的问题应该是,你是否需要识别股市?换句话说,如果股市显示出强劲的增值势头,你随意挑出的20只股票轻轻松松就能和市场行情一样走高。反之，如果当前处于熊市，你很难挑选到能够盈利的股票，而重要的问题只有一个：你是否应该留在股市。

经过这些年，我们发现各种各样的交易策略都能用来获得盈利，这些策略包括均值回归/反向策略、价格滞后带来的套汇、基于市盈率和市盈增长率购买增长股、基于账面价值、现金流、折现价值购买价值股、日历效应（如节假日、周末、季度末）以及季节性交易等。我们曾见识过最成熟的卖空策略和套期保值策略，我们也曾经主动参与过资产价格套利，其中如果某一资产类别的参与者（比如机构期货交易、信用违约交换和内部买卖模式）消息灵通，那么这种资产类别的价格表现有助于预测整个股市的定价。

但是所有这些策略都无法解答一个最基本的问题：你究竟是否想要交易股票。我们知道当股市处于巨大的卖出压力时，你挑选哪一只股票已经显得不那么重要了，因为大多数股票的势头都是不好的。同样，当卖出压力剧增时，以任何价格卖出任何股票都可能要面临亏损。熊市的标志是你的投资组合中任何资产都在赔钱。

我们建议投资者在可感知市场风险平缓和下降的情况下进入股市。我们不需要在最低点买进，之所以如此是因为这个低点很可能是错的，执意这么做很可能导致俗话所说的"偷鸡不成蚀把米"。市场通常会在最大风险溢价的压力下显示出最大的波动性。我们关注的是在市场上升期获得的可观收益。我们宁愿看到股市在交易之前开始恢复。我们不是特别关心在股市高点卖出。我们基于整体风险溢价预测什么时候市场价格会开始走低。我们不时自问市场预期风险/回报是否能够担保股票投资。

我们试图在赔钱的可能性最低的时候投资股票，并在盈利机会最小的

时候撤离股市。对于股市整体而言,通常在预期风险下降时股票价格会上升,而在预期风险上升时股票价格会下降。要了解何时买入和卖出股票,我们必须学会评估投资者的风险感知。

要指出的是,我们这里所探讨的并不是基于评估做出进入或离开股市的选择。举个例子,在过去 20 年的时间里,标准普尔 500 指数的平均市盈率在 15 左右,而当下的标准普尔 500 指数的市盈率是 12。但即使知道这一点,依然很难在中期范围内对未来股价进行预测。

当然,有一些还是可以做出预测的,比如投资者对于收益的确定性以及投资走势。投资者对于收益的可能性的感知,与他们心中的股市安全度有着紧密关联。如果他们认为股市风险是在不断上升的,那么很可能市盈率和股票价格就会下降。如果投资者普遍认为风险正在降低,那么市盈率和股票价格就会上升。在大多数时候,这种理念下的预测和刊物上的预测相差无几。

要衡量风险,量化交易者会评估以下指标:经济收入以及消费和增长速率、企业信用利差、波动性评估、动力指标和收益曲线。如果你能开发出一种量化系统来编写这些数据,并生成一份能够用来精确评估股票风险溢价是上升还是下降的输出报告,那么所有这些输入数据都是非常有用的信息,但是我们猜测你应该没有这样一个模型,而且也不太可能会去开发这样一个模型。

不过也有好消息,广泛的研究和真实的基金表现都说明,简单移动平均线模型能够用来判断牛市和熊市,能够有效地提高投资回报,且效果和其他更精细的多元素模型一样。平均移动线模型简单易懂,能帮助投资者确定什么时候开始投资股票,什么时候卖出股票并重新平衡投资组合。高效的市场或者部分高效的市场,能够通过定价提供大量有关投资者情绪的信息。股价是最有效的指标之一。股价一旦上升，说明投资者的风险溢价正在下降；股价下降，则说明风险溢价正在上升。

2009年，毕业于麻省理工学院并获得电机工程学士学位和电机工程硕士学位的西奥多·王，将他的工程分析学和计量经济学建模技能结合起来，对市场上升和下降期间的风险管理进行研究。他的发现是，在那些股价突破6个月移动平均线时买入并且在股价低于6个月移动平均线时卖出的投资者的表现，会优于买入并持有型投资者。

以下内容节选自西奥多·王于2009年6月发表了一篇题目为《移动平均线：圣杯还是童话》的文章：

买入并持有多样化投资组合，能够在股市的上升时期表现优异，但是在熊市，如果所有不相关类别的资产全部下降时，买入并持有模式会显示出劣势。

移动平均线模型大概是历史最悠久的也是最简单的交易系统，在这种系统下，你会在股市价格突破移动平均线时买入，并且在股市价格低于移动平均线时卖出。

基于138年历史中的总体表现，移动平均线模型无论在绝对表现还是风险调整回报上，都完胜买入并持有型系统。

图17-1显示了对移动平均线模型和标准普尔500指数的6个月的对比研究结果。

西奥多·王在文中最后总结："如果系统可以在长达138年的时间里达到1659次持续盈利而杜绝损失，那么股市也就没有神话而言。"学术研究是发人深思的，但很难在真实环境中复制。当评估股票交易意见时，你应该确认该系统的数据是不是基于长期真实交易环境下的审计记录。

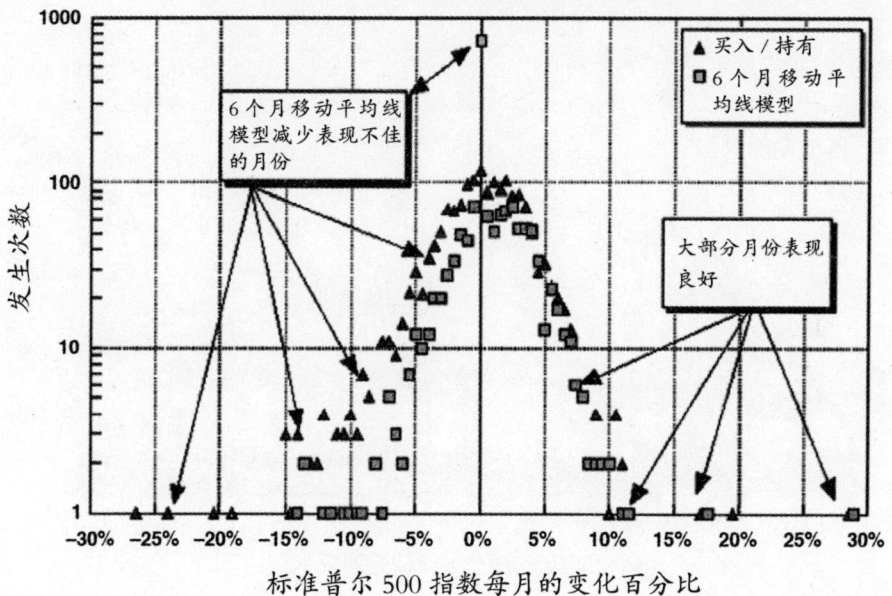

图 17-1 展示了 6 个月移动平均线模型避开股市下跌期，并且创造出比买入并持有模式更高的复合年增长率（数据来源：《移动平均线：圣杯还是童话》

霍华德·赫伯特从 20 世纪 70 年代早期开始发表有关市场择时信号的文章，他的信号主要是基于中期和长期范围内的移动平均线模型。赫伯特记录了自 1971 年 12 月 17 日以来的市场择时信号，这些信号使得他的市场择时截至 2012 年 7 月 25 日创造出 13% 的平均年回报率，同比标准普尔 500 指数的平均年回报率是 9.5%，也就是说，基于 13% 的平均年回报率，10000 美元的初始投资在 40 年后增值到 1327816 美元。基于 9.5% 的回报率，10000 美元的初始投资在 40 年后能增值到 377194 美元。在这个时间段内，使用赫伯特的移动平均线模型进行市场择时，能够让收益达到 3.5 倍于市场基准的水平。

75日移动平均线模型买入/
卖出信号和标准普尔500指数（SPX）
（从2010年9月到2012年9月）

75日移动平均线模型买入/
卖出信号和标准普尔500指数（SPX）
（从2008年到2010年）

图17-2 从2008到2010年以及从2010年9月到2012年10月，将75日移动平均线模型用于标准普尔500指数所显示的买入/卖出信号

第二篇
使用战术性交易规则从股市投资趋势中盈利

在德尔塔投资管理公司，资金管理业务中的一部分是对 3600 只股票的 75 日移动平均线进行监控，从而识别出牛市和熊市：当大部分股票的交易点都突破 75 日移动平均线，证明当前是牛市；当大部分股票的交易点都在 75 日移动平均线之下，证明当前是熊市。要识别是牛市还是熊市，有一种可靠而准确的办法，那就是访问并注册我们的网站 www.deltaim.com，你还可以免费获得每周的市场情绪量化指数（MSI）报告。如果你希望每周五通过 email 收到完整的报告，请通过 www.deltaim.com 联系我们。

德尔塔投资管理市场情绪量化指数，会刊登在《巴伦周刊》杂志中，并且同步到《巴伦周刊》的网站上。在《巴伦周刊》杂志中，市场情绪量化指数报告出现在市场图书馆指数专栏下，标题为"德尔塔市场情绪量化指数"。无论是《巴伦周刊》，还是你通过 www.deltaim.com 网站收到的 email 邮件里附上的每周报告，都包含了指数值和趋势。

图 17-2 的这两大部分说明，自 2008 年初开始将 75 日移动平均线模型应用于标准普尔 500 指数所显示的熊市和牛市的信号。很明显，这种避开股市下降趋势的简单方法，能为你的投资组合回报带来积极的影响，此外，75 日移动平均线模型不会触发多余的交易，投资组合管理费用也不会不成比率地急剧增长。

即使是在 20 世纪 70 年代长时期的熊市周期以及不适合投资的 2000 年到 2012 年，使用缜密而规范的 75 日移动平均线模型，依然能够让投资者盈利。在使用移动平均线模型时，关注以下几点：

* 识别牛市和熊市周期的前提，是要评估投资者对于风险的承受能力。如果投资者愿意承担风险，投资中的股票的占比通常会上升。这是因为股票投资者通常愿意接受并不高的预期回报率。如果投资者不

愿意承担过高的风险，也就是投资者期望有更高的预期回报率，这时股票的份额就会减少。

* 投资者对于风险感知的波动性，远比正式的机构型卖方分析师所一致认为的要高。投资者风险感知的变化，能够说明短期和中期范围内很大一部分的股票变化。

* 风险感知是可评估的。衡量投资者风险感知的最古老和最可靠的方法之一，就是使用移动平均线模型。在过去40年的时间里，75日移动平均线模型被事实一再证明能带来可观的回报。

* 在和市场择时相关的失败案例中，有一些是错失了市场增值的大好机会，有一些是带来了不必要的交易成本。75日移动平均线模型的灵活性，足以让投资者在保证不增加成本的基础上避开投资下跌周期。

第二步：在牛市中买入什么

如果你使用的是移动动平均线模型，那么你已经拥有了评判市场风险和预测牛市和熊市周期的基本工具。然而，了解牛市或熊市只能解决一部分问题，剩下的挑战在于了解牛市和熊市周期中该买什么。在第二步中，我们要探讨的就是当市场信号显示为牛市时，应该买入什么。

保罗·萨缪尔森曾经说过，"了解各种各样的股票故事，必定有助于增加投资组合的收益。这一点在昨天奏效，在今天依然奏效"。保罗·萨缪尔森这句话的意思是，拥有更多种类的股票会增加盈利率。有一些公司的目标是治愈癌症，也有一些公司是致力于研究下一代能源系统，包括燃料电池和热核反应堆，而苹果公司一直都在生产着人们想拥有的产品。

事实是，无论投资案例看上去多么引人入胜，根据这些故事来挑选牛股依然是困难重重。在评估股票的过程中，忘记这些引人入胜的故事并关注价格信号,往往结果会好得多。相对强度高的股票是那些长期显示出强大增值能力的股票,这种类型的股票能够在交易市场取得更为可观的回报。

威廉·欧尼尔是相对强度高的股票的忠实支持者。在1984年,欧尼尔开始在一份名为《投资者商业日报》的出版刊物上基于相对强度对股票进行排名。今天,欧尼尔在www.investors.com,也就是网络版的《投资者商业日报》中维护着IBD 85-85指数,该指数展示了一组在市场中相对强度和收益强度排名前15%的股票。IBD的研究成果证明,在过去50年的任何股市周期中,那些表现优异的盈利股票的每股收益和相对强度排名都达到85%或更高。

图17-3是从2000年11月13日到2012年12月31日IBD 85-85指数和标准普尔500指数的对比图。

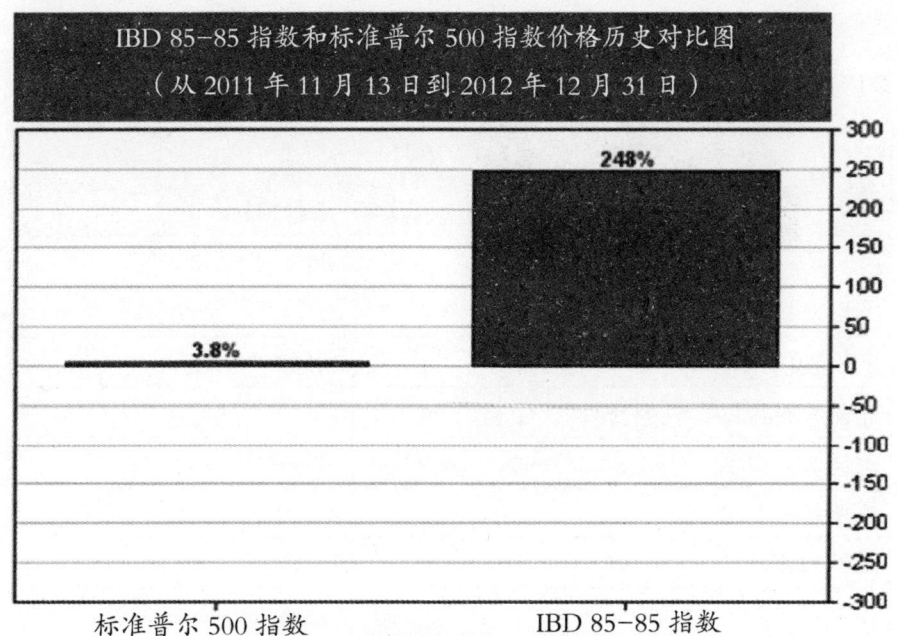

图17-3 相对强度高的股票和标准普尔500指数

(数据来源:《投资者商业日报》和网站)

在这幅图中,基于标准普尔 500 指数的买入并持有型投资者,获得了约 3.8% 的累计回报,而采用 IBD 85-85 指数的投资者,在同一时期获得了约 248% 的累计回报。取得这样优异的成绩并没有减少投资中的股票份额,换句话说,即使是在 2000 年到 2003 年纳斯达克股灾以及 2008 年到 2009 年的金融危机时刻,相对强度高的股票依然远远胜出股市的整体水平。试想,如果在持有相对强度高的股票之外,投资者还因为使用了移动平均线模型做出正确的资产分配,并因而成功避开了一个市场抛售,最终获得的回报将会有多喜人。

怀特公司也非常擅长挑选相对强度高的股票。在 2010 年 1 月,怀特公司测试了真实环境下相对强度高的股票,并将测试报告刊登出来。图 17-4 是这些研究成果的一个总结。在所有的测试中,相对强度高的股票表现高于整体市场,获得了 227.1% 的平均年回报率,同比标准普尔 500 指数的年回报率为 81.0%。

表 1 汇总数据(累计回报)	
(1995 年 12 月 29—2009 年 12 月 31 日)	
#试用	100
平均回报率	227.1%
中位回报率	214.8%
最高回报率	446.4%
最高四分位数	263.4%
最低四分位数	181.0%
最低回报率	94.2%
标准普尔 500 指数回报率	81.0%
试用跑赢大盘	100%

图 17-4 怀特公司相对强度高的股票的回报研究结果
(数据来源:Dorsey,Wright&Associates)

如果你的投资组合中都是相对强度高的股票,我们建议你保持多元化的投资组合。每一种资产都应该有同等的权重,整体投资组合应该包括至少 20 只股票,并且应该对这些股票进行高四分位数的相对强度评估。

适用于牛市的另一大成功战术是构建一份由多元化股票构成的投资组合,包括指数型 ETF 和共同基金。现代金融理论大多将风险定义为波动性。如果你买入市场指数,你的投资组合所面临的波动性和大盘一样。市场波动性对应为贝塔值。如果你定期将股票投资的资金抽取出来,并投入到市场波动性没有那么高的资产类别中,如现金和债券,那么在整个交易周期中,你所面临的市场波动性会低于大盘的波动性。人们通常认为现金的波动性为零,而因为周期、信贷质量和类型不同,债券的波动性低于股票。当你将一定时间段的市场波动性平均下来,投资组合的平均波动性会低于大盘本身的市场波动性。

我们认为,投资者可以使用 75 日移动平均线模型实现在上升周期进入股市、在下跌周期离开股市,从而增加长期预期回报。如果投资者定期将股票投资转移到波动性不那么高的资产类别,这种管理模式能降低整体投资组合的波动性。这种投资组合不仅能够跑赢大盘,而且还能提高风险调整后的回报(低波动性)。

如果这些投资者还愿意接受和大盘一致的波动性,他们会在投资时增加预期波动性,这是因为市场内波动性高出的那部分,会被市场外波动性的差值所抵消。这些投资者可以将市场内投资组合的贝塔值增加到一定程度,使得市场内和市场外波动性的平均值等同于市场波动性本身。

投资者愿意增加投资组合的波动性,使之等同于大盘的波动性,原因有以下几点:

* 上升和下降的波动性是不一样的。上升的波动性是好的，大部分投资者都希望在牛市获得更好的表现。

* 当大盘处于上涨行情时，使用移动平均线模型能够让投资者在牛市周期持有股票。通过在牛市周期增加波动性（贝塔值），投资应力争使组合的贝塔值超过大盘的贝塔值——1。在牛市周期增加贝塔值，能提高所谓的上升市场占有率。

* 当大盘处于下跌行情时，使用移动平均线模型能够让投资者将股票投资全部转移到其他风险性相对较低的资产类别，从而降低整体投资组合所面临的市场波动性。

* 使用移动平均线模型管理投资组合时，将整体投资组合的波动性增加至和大盘的波动性持平的做法，就是要在上涨和下跌的股市行情中同样跑赢大盘，让投资组合在上涨行情时因为拥有股票而盈利，并且在下跌行情时因为拥有现金或债券而止损。投资者正在构建的是非对冲基金，也就是股票类型的基金，拥有强大的下行保护、高透明度、瞬时流动性、低费用以及可观的风险调整回报。

当投资股票时，我们通常会采用贝塔值大于市场基准的投资组合。比如，在股市上升期时，贝塔值为1.3的投资组合的预期回报率，应该比大盘高出30%。在股市低迷期时，投资组合中持有的应该是贝塔值低于市场基准，或者贝塔值为零的资产类别（美国国债和现金），从而降低投资组合的总体平均贝塔值，使之与大盘的贝塔值——1——持平。投资组合的贝塔值应该及时调整，使之对应于当下市场行情和投资者的风险承受力。

尽管有关贝塔值的讨论看似复杂，但持有一个贝塔值不同于标准普

尔 500 指数的投资组合却非常简单。你可以让投资组合包含杠杆型 ETF 和非杠杆型 ETF 或共同基金，并使这些资产类别的比率符合预期的投资组合贝塔值目标。除此之外，一些大盘 ETF 和共同基金的贝塔值会高于标准普尔 500 指数。当你在构建牛市中的投资组合时，一定要关注贝塔值。

在第二步中，基本的理念是当你处在上升势头时务必要积极主动。在牛市周期时，很难看到有人赔钱，这个时候的风险度很低，投资者可以充分利用机会。相对强度高的股票表现优异，在牛市周期更是如此。如果你倾向于持有大盘指数型 ETF 或是共同基金，可以考虑增加投资组合的贝塔值，这种做法能为你带来极好的上升期的市场占有，而因为你早已制订好熊市周期的止损计划，所以你能获得有利的从上至下的市场占有率。如果在牛市周期中积极主动地投资会让你心生焦虑，请记住，此时的你早已制订好应对下降期的止损计划。

第三步：在熊市中持有什么

战术性地管理资产的目的是在熊市周期保护资产，并在牛市周期占有份额。当市场显示出熊市信号，非股票类的另类投资应该主要是现金和债券。此外，投资者在熊市周期还会考虑到减少股票份额，而第三种选择，就是我们要说的反向指数 ETF 和共同基金。

在熊市周期拥有现金的优势很明显——没有损失。持有现金能够在熊市周期获得战术性保护资产的目的。现金的波动性为零，并且会随着时间的推移而降低整体投资组合的波动性。当其他投资类别的流动性不那么强时，现金能提供最大的流动性。在极度严重的熊市周期，如果投资组合 100% 为现金，就能在股价下跌时提供最大限度的机会主义投资。

有一些战术性投资者在不投资股票时，试图获得比现金更高的回报——最安全的就是美国国债。美国国债有价格波动的风险，这一点不同于现金。当投资者没那么成熟时，这种风险则会被放大。总体而言，30年国债债券价格比短期（1年或更少）国债债券价格的波动性要高。

图17-5说明从1981年到2008年经济衰退时期（数据来源：国家经济研究局NBER）下的股票和债券的月回报率。

市场环境 （1981–2008年）	平均月回报率				
	大盘	中盘	小盘	10年债券	5年债券
衰退	−0.83%	−0.42%	−0.52%	1.55%	1.31%
衰退的前半部	−1.56%	−1.04%	−2.08%	0.71%	0.82%
衰退的后半部	0.03%	0.31%	1.32%	2.54%	1.88%

图17-5 衰退时期股票和债券的回报

（数据来源：好港湾金融公司）

该图说明了两点：第一，潜在的债券回报是巨大的。当经济低迷时，10年期国债每月拥有1.55%的回报率是非常了不起的；第二，在衰退时期的前半部和后半部，总体而言债券的表现要优于股票的表现。这说明和商业周期相关的预测并不需要过于精准。你可以基于投资组合的波动性来设定1到30年内国债的持有周期，年期越长的国债波动性越高。

公司债券的收益比国债的收益要高，波动性也更高。在严重的经济衰退中，如2008年到2009年的债券危机，公司债券和股票的表现相仿（相似性开始接近1）。当公司收益下降时，股价就会下降。当收益下降且债券市场开始紧缩时，债券的违约风险就会上升。当公司债券交易的违约风

险高于利率风险时,公司债券的表现会类似于股票。我们并不认为公司债券是熊市周期中获得资产保护的最合适的选择。

如果用战术性系统来预测熊市和牛市,投资者可能会奇怪为什么他们不该在熊市卖空股票。原因很简单,因为战术性投资的主要目的是通过主动风险管理获得高风险调整的回报。风险管理可以通过限制投资组合的比率来减少波动性。卖空会导致波动性的下降。

在2008年,美国政府宣布对将近1000只股票禁止卖空。当禁止卖空的股票清单出台时,许多投资者损失了大量资产。这样的情形会带来空头轧平的风险。空头轧平(蜂拥而至的投资者试图补仓)会导致快速的股权升值和投资组合的跌价。在2008年,对冲基金平均下降了超过21%。当你回看各个时期若干对冲基金的详细结果时,会发现投资组合中看空的那一边几乎不可能带来更好的绝对表现。对我们而言,卖空股票的风险之高是不可接受的。

在下跌时期,现金是最安全的资产。因此,对于那些寻找保守投资的投资者而言,现金就是王道。如果我们试图在股市下跌时保护资产,就很可能会随着时间的推移累积财富。对于那些热衷于在熊市增加收益的投资者而言,美国国债是最有效的安全法宝,因为它的潜在回报大于零。

第四步:客观冷静地采取投资策略

投资行为学的学生们很早就注意到,人们无法不去考虑失败。行为金融学认为这是一种现状偏见,原因是人们总是认为"如果我不卖出,股票可能会回升,这说明我的选择是正确的。如果我卖出了,然后股票上升了,那我会觉得自己很蠢"。这个问题不光发生在外行投资者身上。这就是为什么退休金监管人坚持要求资金经理制定出严格的卖出规则。

不愿卖出是一道难以攻破的难关。一旦已经卖出仓位，如果市场信号显示当前仓位合适，就更加难以买回。这通常被称为认知失调。大多数投资者在做出和最近一次的行为完全相反的举动时，会倍感不适。

情绪容易导致投资者错失重要的牛市周期并停留在熊市周期。我们的情绪往往是最大的敌人。在牛市，投资者会从达到市场峰值那一刻开始产生兴趣。当股票贬值时，投资者会从情感上将目光锁定在仓位上，因为股票开始变得"廉价"了。到某一时刻，投资者选择放弃，低价卖出。

客观冷静地投资指的是提前制订投资计划，并坚定执行投资计划。索尼、M先生、迈克、尼尔和维尼都拥有详尽且系统化的买入/卖出计划，并能够坚定地执行该计划。通过与众多投资者接触的经历，我们了解到，从情感上而言，坚定地按计划行动并忠于信念并不是一件容易的事情。战术性投资中最重要同时也是最难的一部分，就是坚定地执行投资计划。

拥有一份投资计划并不需要投资者拥有预测经济形势的特殊能力。即使投资者对5年后的经济形势有充分的了解，也仍然无法确定前方的投资之路。这个世界错综复杂，很少有事物能够在两点一线之间进行。

我们所讨论的成功的战术性投资策略，并不是基于预测长期经济形势，这些策略会通过经实践证明的系统化的方法评估短期和中期的投资者的风险感知的变化。尽管整体经济预测和对经济的全面理解是重要的，但它们对坚定的、客观的战术性投资计划并不发挥任何作用。

想要客观冷静地开始投资，办法之一是关掉电视。媒体对投资者太简单粗暴了。在任何时候，媒体总能分别给出10条买入的理由和10条卖出的理由。他们只关注轰动的新闻，而无视真正重要的东西。媒体让投资者的情绪如同坐了趟过山车，如同一场噩梦。梦醒了，投资者发现收益也下降了。

当投资者拥有一份战术性计划并坚持规则时,投资过程将不再受制于情绪,而是基于风险评估。一份精良的止损计划能让投资者的投资之旅减少压力。

第五步:从现在开始

看到这里,你可能已经认同采用战术性方法来主动管理投资组合的理念。当然,你也许依然心存顾虑:首先是你的经纪人或投资顾问曾说所有市场择时的研究最终都被实践证明是不奏效的,顾问也许会依然建议你尝试选择市场时机。

面对这些顾虑,最简单的回答就是迈克、好港湾公司、维尼,还有其他那些通过使用战术性方法在股市中盈利的实实在在的例子。运营耶鲁大学捐赠基金的经理,截至2011年6月30日的10年来获得了约10%的平均年回报率。到2012年,他们只有6%的买入并持有型的美国股票,而主动管理的绝对回报率和私募股权基金回报率达到了53%。普林斯顿大学的主动管理型绝对收益率和私募股权基金回报率则达到了48%。斯坦福大学的主动管理型绝对收益率和私募股权基金回报率达到了30%,而哈佛大学的主动管理型绝对收益率和私募股权基金回报率达到了28%。

那些告诉你市场择时将无果而终的专家们,自己也使用股票和行业研究报告。在这些报告的封面上醒目地写着评级结果,通常是:买入、持有或者卖出。这难道就不是一种市场择时的建议吗?许多顾问让你远离战术性投资的真正动机,是他们目前在这一块领域没有产品可销售。如果你因2008年或2000年到2003年的金融危机而遭受重创,会发现这和他们之前让你保留账号的宣传口径是不一致的。

如果高效市场和理论杂谈都是真正稳健的,投资者基本上无需采取主动管理。基金依赖于市场表现。有意思的是，包括对冲基金经理在内的许多主动管理型经理，都在占有市场份额，而不是失去市场份额。许多大型共同基金公司主要是由主动管理型基金组成。管理公司急于创造新的战术性投资产品，来满足不断增加的市场份额带来的需求。

阻拦你踏上战术性资产管理之路的第二个拦路虎，是对如何执行战术性投资计划的不确定感。我们所展示的是一个经由实践证明可行的系统，帮助投资者了解何时买入，买入什么，以及何时卖出，这些都是投资时需要做出的重要决定。以下几点总结了将战术性交易规则应用于投资组合的关键步骤。

何时买入和卖出

* 在标准普尔500指数每日长期走势图的基础上加入75日移动平均线模型。当标准普尔500指数高于75日移动平均线，证明是买入的时机。当标准普尔500指数低于75日移动平均线，证明是卖出的时机。更好的办法在下面，请接着往下看。

* 在古根海姆标准普尔500指数等权重ETF（RSP）的每日长期走势图的基础上，加入75日移动平均线模型。当RSP指数高于75日移动平均线，证明是买入的时机。当RSP指数低于75日移动平均线，证明是卖出的时机。我们倾向于使用非市场市值加权指数来评定牛市或熊市，因为这种指数能提供很大维度的股价。更好的办法在下面，请接着往下看。

* 通过阅读《巴伦周刊》了解德尔塔投资管理公司发布的最新市场情绪指数。市场情绪指数每周刊登于《巴伦周刊》的"市场实验室指数"专栏。市场情绪指数基于3600只同等权重的股票测量。我们使用一些抑制波动的算法来减少信号的负面影响。同样，你也可以

第二篇
使用战术性交易规则从股市投资趋势中盈利

登录《巴伦周刊》的网站,来查看德尔塔投资管理公司发布的市场情绪指数。更好的办法在下面,请接着往下看。

* 登录 www.deltaim.com,并注册我们的每周市场情绪指数通讯。在这之后,你将于每周五通过电子邮件收到德尔塔投资管理公司发布的市场情绪指数。更好的办法在下面,请接着往下看。

* 注册《德尔塔财富加速器》通讯。在这之后,你就能收到最新的市场动态和对于战术性投资的讨论的相关信息。

在牛市买入什么

* 构建一个由相对强度高的股票构成的多元化投资组合,并主动管理该投资组合。你可以查看《投资者商业日报》或登录相关网站查看相对强度高的股票。

* 通过使用 ETF 或者共同基金买入包括相对强度高的股票的投资组合。

* 买入整体市场 ETF 或者共同基金。你可以通过使用指数型 ETF 或共同基金和杠杆指数型 ETF 或共同基金的组合来增加预期回报和投资组合的贝塔值。

在熊市中买入什么

* 持有现金。

* 对于那些寻找更有潜力的回报而不是现金账户带来的回报的投资者而言,买入短期和中期美国国债 ETF 或共同基金。

* 对于那些潜在高回报的投资,通过 ETF 或者共同基金买入长期美国国债。

这本书提供了一种通过制订应对股市下跌期的止损计划，来获得持续回报的简单直接的方法。我们提供的投资工具可以在家使用，尽管你在家里使用的工具也许不如专业人士用到的工具那么先进，但这些工具仍然有效帮助你避开股市下跌期并抓住股市上升时期的机会。如果我们能找到一种更好的投资方法，我们一定会再出一本新书。

无论你走的是哪一条投资之路，只要做到以下几点，你的投资都将是收获颇丰的。

1. 运用常识。

2. 不要依赖其他人帮你找办法，了解你正在做的事情。

3. 保持怀疑。

4. 基本正确好过绝对错误。

5. 在投资之前，要制订好计划，做到对以下几个问题心中有数：

a. 什么时候买入

b. 买入什么

c. 什么时候卖出

第18章 准备充分才能大有不同

耶鲁大学的捐赠基金位于众多大学之首，其中美国股票和债券不多，主要是来自主动管理型的另类基金，比如对冲基金和私募股权投资。耶鲁大学的基金中美国股票只占了6%，而债券和现金的比例甚至更低，只有4%（数据来源于2012年9月27日的耶鲁大学捐赠基金报告）。耶鲁大学的基金中私募股权所占比率达到35%，且截至2012年9月份绝对回报策略下的投资分配达到18%。

在过去10到20年间，许多大型的大学捐赠机构的表现轻而易举地超过了60/40资产配置模式和标准普尔500指数。比如，截至2011年6月30日的10年中，耶鲁大学的捐赠基金赢得了每年10.1%的净收益率。国内股票每年以3.7%的百分比上升，国内债券每年增值5.2%。

耶鲁大学目前的捐赠资产分配，明显不太倾向于买入并持有型的国内证券和固定收益资产。为了确保捐赠基金的表现有更大几率优于整体股票和证券市场的表现，基金中有大量包括绝对回报在内的主动管理型投资项目。

Rydex SGI 公司对一个60/40的投资组合采集了一系列样本数据，包括回报、标准偏差和最大跌幅。这个60/40投资组合在从2000年12月31日到2010年12月31日这10年的时间里，不断增加和股权相关的绝对回报策略（另类投资）的应用。该公司模拟了这10年来这个投资组合在另类基金分配比率为 0%、5%、10%、20%、30% 的不同表现。很明显,当投资者将投资组合中的 20% 分配到另类投资时,对于整体投资组合的影响是最小的;当投资组合中的 30% 被分配到另类投资时,波动性和跌幅达到最小化,并且达到年度回报的峰值。

用战术性股票投资策略取代买入并持有型股票投资的真正影响,甚至比 Rydex SGI 公司的样板回报数据所展示的影响更大。如果我们一开始采用的是传统的 60/40 资产分配模式,也就是 40% 的债券和 60% 的股票,那么我们的资产分配饼图将会如图 18-1 所示。

我们可以假设,将股票资产的 33% 换成基于战术性的股票/债券策略的投资,如图 18-2 所示,全部投资中包括 20% 的战术性投资。

如果用战术性投资策略取代传统的买入并持有策略下 33% 的资产交易,如在熊市将股票换成债券,或者是在牛市中将债券换成股票,那么整体投资组合会基于当前市场环境自动进行调整。在熊市周期,投资组合分配会是 60% 的债券和 40% 的股票。在牛市周期中,投资组合的分配则会是反方向,也就是 40% 的债券和 60% 的股票(如图 18-3 所示)。

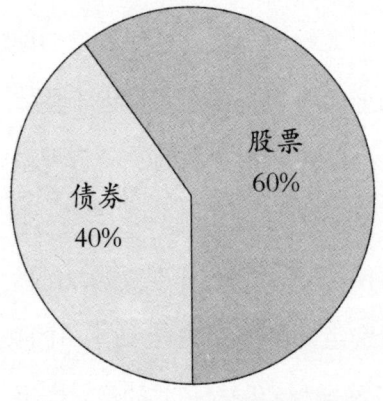

图 18-1 60/40 股票、债券投资组合

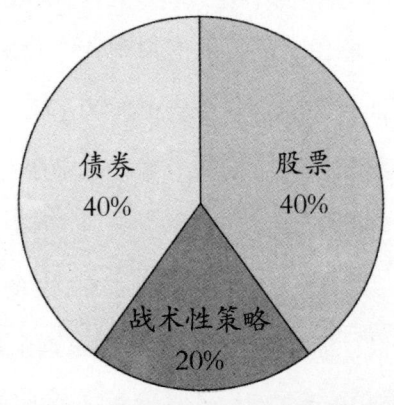

图 18-2 33% 的股票分配到战术性股票(全部投资组合中的 20%)的投资组合

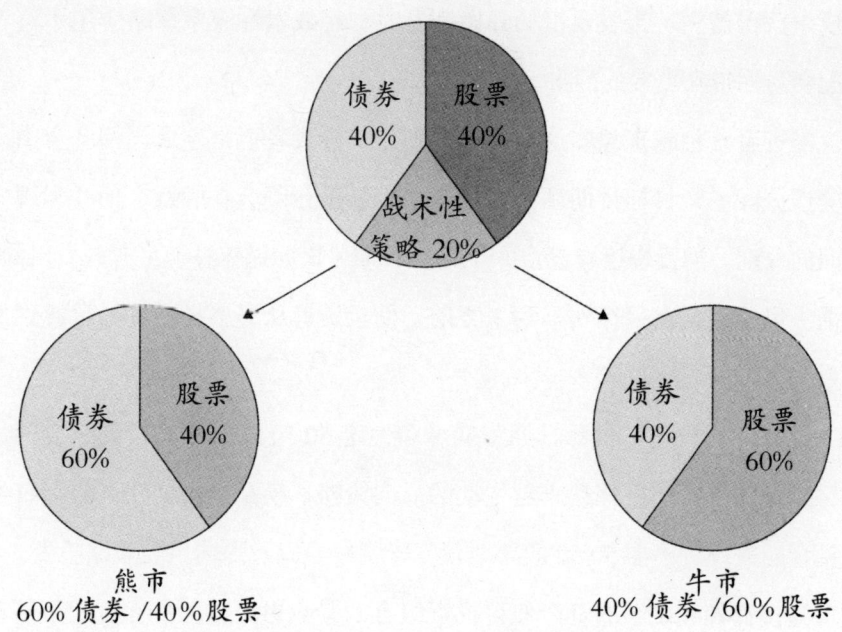

图 18-3　牛市和熊市中的动态投资组合再平衡

将战术性策略加入到整体投资组合使得投资组合的调整更加主动，而非消极被动，传统意义上的资产管理的建议包括定期（比如每年）调整资产分配，而传统意义上的再平衡方法指的是对于已经发生的事情做出反应。如果你在 2008 年的股票资产分配是 40% 的债券对 60% 的股票，投资组合再平衡点将发生在熊市之后，也就是股票市场崩盘之时。当下如果没有那么多资金，你可以从债券投资中转移出部分资产，并将之投入到股票投资。

使用战术性策略之后，债券对股票的投资组合将在市场崩盘之前做出再平衡，并且熊市中股票所占总资产的比率能下降 33%。如果使用了战术性策略，投资者能在 2008 年底分到更大一杯羹。战术性策略中的再平衡是基于对市场风险水平主动而持续的评估。当风险感知开始减弱且股市开始进入中期上升趋势时，投资组合将主动进行再平衡，从不断上升的股票环境中获得盈利。当股票市场开始恢复时,将战术性股票策略应用于资产分配会为你带来更多的回报。

投资者开始越来越多地将目标日期型基金或者说是生命周期基金引入到资产分配中,目标日期型共同基金会重新进行资金在股票、债券和现金之间的分配,为投资组合设定一个目标日期(比如退休日期)实现去风险。所谓去风险包括在目标期限到来之前,使投资者从股票投资逐渐过渡到债券投资。

锐联公司模拟了目标日期型基金和恒定50/50股票债券投资组合的表现,以及随着时间推移越来越主动的反向策略。模拟结果证明,目标日期型基金的表现,不如50/50股票对债券投资组合以及反向风险策略投资。

当投资者有足够的资产使得投资组合的影响更大时,目标日期型基金就会显示出防御性状态。如今,这种策略甚至会带来更高的风险:投资者在迫切渴望构建财富以面对未来的退休时,在收益低的股票上获得更差的回报。

投资者应该特别警惕那些完全不考虑当前市场环境的投资项目。基于真实表现的定期再平衡,哪怕是一年一次,也能带来不错的结果。如果能基于前瞻性的市场情绪指数来做出更频繁的主动再平衡,则再好不过。

当考虑到投资组合中哪一部分应该采用战术性投资时,请谨记以下几点:

1. 将战术性策略应用于投资组合中最具风险性的一部分资产。从历史数据来看,股票波动性(标准偏差)通常是每年20%。如果使用波动性作为衡量指标,股票很有可能成为你的投资组合中最具风险性的一部分资产。

2. 重新部署资产时,提取出来的资金应该被分配到同一类别的资产中。如果你从买入并持有型项目中的股票提取出资金,这些资金应该被重新分配到同样是股票性质的另类投资。这么做的目的是要保持投资组合中最具风险性的一部分的预期回报，同时降低整体投资组合风险。风险一旦降低，实现投资目的的可能性也就会越高。

3. 在股市危机时，增加能用来做套期保值的策略，而这一点是本书中所介绍的战术性股票策略的首要目的。

4. 准备充分，你的整体预期回报一定会大有不同。

第19章　洞悉源头：归属分析

也许想要了解主动管理是否奏效，最简单的方法就是回顾伯克希尔－哈撒韦公司的历史。哈撒韦纺织公司创建于1888年，当时是一家纺织厂。到20世纪50年代时，哈撒韦纺织公司和伯克希尔高级纺织协会合并，之后逐渐拥有了15家工厂和12000名员工。

受到棉花价格下降的影响以及外来竞争的压力，公司在1960年关闭了7家工厂，并且进行了大量裁员。1962年，沃伦·巴菲特开始买入伯克希尔－哈撒韦公司的股份，因为他觉得这家公司的价值被低估了。到1963年底，巴菲特持有该公司49%的股份，成为公司执行委员会的总裁。他用新型的管理方式取代了之前老旧的管理。那时，公司股票的交易价格为每股18美元，只有两家工厂和2300名员工。

巴菲特把伯克希尔－哈撒韦公司从一家运营型公司转变成一家投资公司。在1967年，伯克希尔－哈撒韦公司收购了两家保险公司。到1985年，伯克希尔－哈撒韦公司已经从一家纺织企业彻底转变为一家100%的投资公司。如果你想参与巴菲特所管理的基金，唯一需要做的就是购买伯克希尔－哈撒韦公司的股票（BRK/A）。

巴菲特是一位很有野心的战略经理，他通常会持续观察一家公司好几年，并等待最合适的时机进行投资。他所擅长的是在股市低点买进，那时几乎没有人和他竞争。因为他总是在其他人都在卖出的时候选择买进，所

以他常常能获得极具竞争力的价格和条件。巴菲特运营资产的一个最吸引人的地方在于，他的底薪是一年10万美元，并且他不会依据公司资产或者表现另外收取费用，这和大部分对冲基金截然不同。

1963年之后，伯克希尔－哈撒韦公司的股票从每股18美元增值到每股大约13.4万美元，平均年回报率达到20%，同时期标准普尔500指数的平均年回报率是6.6%。

你可能在想，如果一名主动管理型经理能够带来长期的优异表现，为什么市场上其他经理没有识别出机会并抓住盈利点呢？在沃伦·巴菲特的例子中，也有许多真正的价值投资者，还有一些甚至也获得了可观的长期回报，但这些竞争者中几乎没有人能拥有沃伦·巴菲特的魄力和影响力。

伯克希尔－哈撒韦公司一旦买入某只股票，这只股票势必要增值。伯克希尔－哈撒韦公司致股东的年信，是整个金融领域阅读量最大的文章。沃伦·巴菲特拥有众多狂热的追随者。各大公司都希望伯克希尔－哈撒韦公司能够买入自己的股票，有一些甚至给伯克希尔－哈撒韦公司提供特殊的福利，以诱使该公司买入自己的股票。即便是在2008年金融危机时，伯克希尔－哈撒韦公司还得到了好一些公司的优先分红股票和认股权证，比如高盛投资公司和美国银行。

总体而言，导致市场低效的资金管理方式存在一些重要的摩擦点。这里的"低效"指的是多年持续高于平均管理风格。超额收益不一定会完全套利。摩擦点具体如下：

1. 金融产品卖出的方式：使得资产管理方式有些死板的风格箱和费用。
2. 基于不完整信息的糟糕的投资组合分配。
3. 许多资产管理公司只关注资产稳定性，而忽略风险调整后的资产回报。稳定的资产能带来稳定的费用基础，这对一家追求持续而稳定的利润增长的金融公司来说，是一个积极的信号。对于资产管理公司而言，寻找一流的成绩却是风险的源头。对于金融公司而言，投资基金比追逐最优的投资组合表现能带来更好的投资结果。

4. 自1970年提出的买入并持有理念，让许多投资者认为最好的策略就是消极等待。

我们把由于一位经理的行动而使得公司业绩出色称为阿尔法值，而股市的波动带来的投资组合变化称为贝塔值。如果经理的决定能够增加价值，阿尔法值就是正向的。通常基准中的阿尔法值为0，如果经理的策略使得价值下降，阿尔法值就是负向的。只有那些创造出正向阿尔法值、低标准差、高回报以及低费用的经理，才是最终的胜者。

在评估主动投资策略的表现的过程中，要确保你所采用的是风险调整后的回报；换句话说，即使一位经理有能力盈利，但是如果他的市场波动率高于市场基准，你大概也不会放心让这位经理帮你投资。只要平衡好投资组合，即使没有这位经理的帮助，你也可以扩大市场回报。在这种情况下，你是在通过增加贝塔值来获得良好的业绩。一个出色的投资策略一定不仅拥有持续优异的业绩纪录，而且市场波动性也会持平或者低于市场基准指数。

在评估任何策略时，你都应该了解清楚这些超额收益来自何处。从战术性策略的角度来看，业绩是来自资产选择和分配的时机决策。如果时机决策没有给战术性策略带来正向的绝对回报，那么该策略的战术性元素就没有生效，你也该考虑换用其他的策略了。就所有主动管理的基金而言，由经理选择出来的资产应该要优于市场基准。总体而言，一位持有成千上万只股票的经理，不太可能创造出良好的业绩。这样大的股市投资比率就

第二篇
使用战术性交易规则从股市投资趋势中盈利

算能产生股市回报,也得减去大量费用。

我们建议,牛市中投资股票应该形成相对强度高的股票的多元化组合,这种更加集中的投资组合,能带来良好的多样化,并且在股市上升期有更多的机会创造上佳表现。对于那些不愿意进行个股交易,并且乐意承担股票选择风险的投资者而言,对买入大面积股票做一些平衡,也不失为一种可行的战术性投资方法。

好港湾公司在投资股票时,通过平衡分配股市投资比率获得了良好的业绩表现。在好港湾的例子中,他们在牛市周期的贝塔值是上升的。这种概率性的多元素的模型,使得他们在熊市中的股票风险为零,并且在整个投资周期中投资组合的贝塔值都能够与标准普尔500指数持平。好港湾的突出表现,主要是来源于市场时机决策和牛市中的高贝塔值。

在分析基金表现时,机构会将股市上行的波动性和股市下行的波动性进行对比,来做出下一步决策,因为股市上行波动增加被认为是好势头,而股市下行波动增加被认为是不好的势头,他们通过分配分析来确定良好表现的驱动力。

图19-1显示了好港湾团队在股市上行、股市平稳和股市下行中的表现。从图中各种阴影部分的数值可以看出,好港湾在下行时期撤离股市,在股市平稳时期表现平稳,并且在股市上行时期大幅加入股市。图中数据都是来自2003年5月1日到2012年3月31日的市场回报数据。

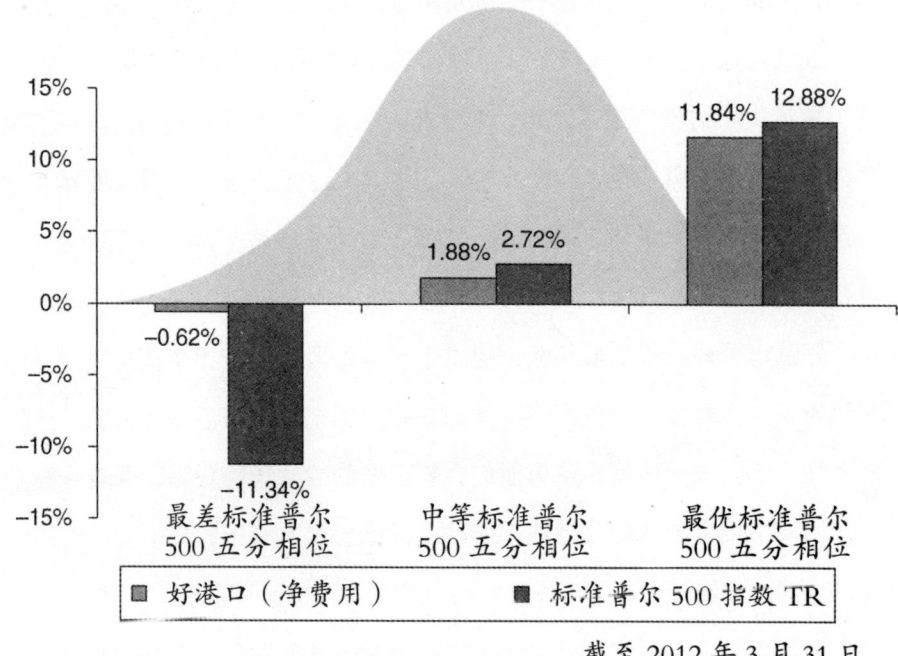

图 19-1 年度收益率

（数据来源：好港湾金融公司）

我们能看到许多专业的资产经理都使用回溯战术性解决方案。我们对回溯测试持保留态度。事实上，你都可以完全不必考虑回溯测试。试想，谁会展示出不好的回溯测试结果呢？我们保证你看到的所有回溯测试结果都是好的。

基于回溯测试的表现的主要风险在于数据的来源。经理们可以基于市场行情的历史数据，对成千上万的策略变化进行回溯分析，从而找到能带来最佳回报的策略。当经理们测试了足够多的策略，最终找到一个符合历史数据并且能带来喜人结果的策略，这是完全有可能的，但是风险在于，最适合历史数据的策略不一定保证在未来表现良好。

回溯测试结果的另一大风险在于，真实世界中的每日交易（包括支付经纪佣金，对大额订单的真实而非理论上的价格等）都会带来成本——对

第二篇
使用战术性交易规则从股市投资趋势中盈利

小型基金而言尤其如此，而这一点在投资理论中是无法考虑进去的。情况总是如此，回溯测试理论上的表现总是会优于在实际交易情况中的表现。

在评判投资机会时，要观察一定时间范围内在真实世界中的结果表现，并通过真实的数据来衡量策略在不同市场环境中的表现。接下来你还应该了解回报是如何产生的分析数据。如果分析结果证明优异的表现不是源于运气，而是因为经理所采取的行动，那么很可能这个策略能够持续表现优异。

在这样一个每天都有成千上万的主动型资产经理力争拔得头筹的环境下，只会有少数经理能够在相对长的时间里有高于市场水平的表现。我们仍然期待让人难忘的连胜事件。为什么？因为样本量那么大，所以有一些表现突出的经理也是很正常的。

莱格曼森价值基金公司的比尔·米勒就是一个典型的例子。成功的大型共同基金投资的第一条原则，就是要在市场低点时买入基金。米勒于1982年创办了莱格曼森价值基金，当时正是历史上最大的牛市开始之时。米勒因为连续15年超过了标准普尔500指数而受到大家认可。如果你在1982年投资了10000美元，这笔投资就能在2006年股市巅峰时增值到400000美元。根据《晨星报》的报道，自1990年来只有26家主动管理型共同基金在长达10年的时间里表现每年优于市场指数。

2007年，标准普尔500指数上涨，米勒的指数却下降了。2008年，莱格曼森价值基金公司的指数下降了55%，而标准普尔500指数下降了37%。米勒的另一个基金美盛机会基金，在同年下降了62.5%。投资者对这些基金失去了信心。2011年，米勒辞职，离开了莱格曼森价值基金公司。

米勒集中的股份持有使得他在牛市中表现突出，然而在熊市中却刚好相反。米勒的投资方法创造了极高的贝塔值。在面对严重的市场下跌时，基本上没有什么风险控制措施能够奏效。如果你因为米勒优异的历史表现于2006年选择了他的基金，那么你将在2008年底损失近半的财产。这也告诉我们，真正重要的是去了解优异表现的源头，以及你在投资时面临什么样的风险。

我们引用米勒的经验故事，是为了说明高贝塔值投资不同于包括股市下行时期的风险管理在内的战术性投资。尽管战术性投资有时也可能表现不好，但是通过避开低迷的股市，战术性投资依然可以表现优异。

第 20 章 费用总览

对于疯狂推崇买入并持有的被动型投资者而言，他们眼中几乎只有费用。成千上万这样的投资者花费大量的脑细胞思忖着如何减少费用。如果你真的是一名买入并持有型投资者，那么说白了降低费用就是你所能采取的最有效的主动管理动作。你的回报很可能就是股市分发出去的那点微不足道的费用。

当你在认真地管理费用时，如果你采用的是买入并持有型策略，与 2008 年的情况相比，你的投资组合，包括分红在内的标准普尔 500 指数，可能已经历了 37% 的下跌。你很可能在截止到 2012 年的 12 年的时间里没有获得任何实在的收益。你为如何减少费用所做的一切努力，最终带来了更大的损失，这可能就是俗话所说的"拣了芝麻，丢了西瓜"。

按照费用的顺序来排列，各类投资者管理资产的方法如下：

* 自我管理型的投资者通过折扣经纪公司来管理自己的账户。对于那些长期采用买入并持有策略的投资者而言，他们会选择低费用指数基金最小化所需支出的费用。
* 有一些投资者会雇佣理财顾问。理财顾问可能直接管理资产，也可能将资产管理全部外包。当理财顾问直接管理资产时，这就是通常所说的独立管理账户。独立管理账户是以你的名字开设的账户，但是由某一家经纪公司或者托管公司提供的第三方经理来管理资产。

理财顾问也可能会使用分层顾问的方式来管理客户的账户，或者按照客户自己的想法来买入股票，并对投资组合中的共同基金、ETF和其他股票做出分配。

* 高净值的投资者可能会选择对冲基金。在按照费用排名的基金管理的分级中，对冲基金总是名列榜首的。

一名自我管理型的投资者所需支付的费用并不低。相比起独立管理账户，共同基金的投资对于自我管理型投资者而言是昂贵的，并且包含大量隐藏费用。共同基金的费用包括显性费用和隐形费用，后者通常难以识别，因为它们通常内嵌于基金交易中。所有这些费用一旦叠加起来，在雇佣理财顾问的基础上持有一个共同基金每年所需支出的费用达到资产的3%，也就不足为奇了。

共同基金的显性费用

费用比率：运营一个共同基金需要花费的成本。这些成本会每天从你的投资回报中扣除出来。一般而言，每年的费用比率为所管理资产的1%左右。

12B-1费用：12B-1费用指的是用于基金的行销、分配和推广的费用。不是所有的基金都需要收取12B-1费用。如果需要收取，每年的费用比率最高达到1%。

销售费用：指买卖基金时基金价格增加的销售费用。销售费用分为前端销售费用和后端销售费用。这一类费用的目的时为了让你在长时间持有股票。

赎回费用：有一些共同基金没有销售费用，但是如果你决定在约定时间点（比如60天）之前卖出基金，就需要支付赎回费用。赎回费用通常用来阻止基金的快速交易，会增加基金管理和交易的成本。

交易手续费：当你买卖一个共同基金时，经纪公司所需支付的佣金被称为交易成本。交易手续费的范围在 0 到 50 美元之间，具体取决于经纪公司和你所交易的基金。

投资顾问费用：投资顾问费用指的是你和理财规划师或者理财顾问交流时所需支付的费用。通常投资顾问费用的收取范围为管理资产的 0.50% 到 2.0%。

共同基金的隐形费用

经纪佣金：当你的共同基金经理在买卖该基金的股票时，基金经理必须为交易支付经纪佣金。这部分佣金会从基金的资产收益中扣除，有点像是拖了回报的后腿。

买卖差价：当你在交易一只股票或者债券时，买入价和卖出价之间的差额被称为买卖差价。尽管买卖差价随着交易量的增加而有所收紧，但是仍然会带来一些损失。通常差价对于那些很少交易的股票的影响会很大。

根据预测，股票持有者每年花在这些隐形费用上的成本大约占 0.8%。当你把这些费用和显性费用加起来时，在雇佣理财顾问的基础上，共同基金所需的费用达到 2% 左右也就并不稀奇了。

图 20-1 展示了各类型的共同基金所需支出的费用。每一个基点（bp）等同于百分之一，也就是说，100bps 等同于 1%。

独立管理账户的费用范围在 0.5% 到 2.5% 之间，绝大部分都在 1.25% 到 2.0% 之间。尽管 2% 的费用听起来很高，但这个数字和支付给主动管理型共同基金和 ETF 的费用差不多。只要是由正确的公司管理，独立管理账户会为投资者提供持续而专业的帮助和支持。

2011年所选取投资目标的费用比率的基点					
投资目标	10百分位之一	中位数	90百分位之一	资产加权平均值	简单平均数
股票基金	78	135	220	80	144
进取型基金	86	140	221	92	149
增长	73	125	209	85	137
部门	86	146	237	86	154
增长和收入	54	115	195	50	121
收入型股票	72	116	193	85	124
国际股票	94	150	232	95	157
混合基金	65	121	200	80	128
债券基金	50	90	169	62	102
应征税债券基金	48	93	175	63	103
市政债券基金	51	84	160	59	99
货币基金	13	22	36	21	24

图 20-1 共同基金费用比率

（数据来源：美国投资公司协会和理柏投资管理公司）

注意：该表中的数据不包括投资于养老金的共同基金以及主要混合共同基金。

对冲基金的受众面有限，通常只面向那些高净值的投资者。通常对冲基金收取的费用为所管理资产的2%，以及高水位线以上的所有正向受益的20%。如下给出了对冲基金公司会对截至2013年第一季度3年期和5年期的对冲基金指数的表现。

* 截至2013年第一季度，标准普尔500指数的3年期的年回报率为12.7%，对冲基金指数的3年期的年回报率为1.1%。

第二篇
使用战术性交易规则从股市投资趋势中盈利

* 截至2013年第一季度，标准普尔500指数的5年期的年回报率为5.8%，对冲基金指数的5年期的年回报率为3.0%。

对于对冲基金经理而言，20%的利润所需的费用是一个极大的激励，使得他们愿意冒更大的风险：如果他们的投资者赢了，则意味着他们也赢了；但如果他们的投资者输了，只有投资者会遭受损失。对冲基金管理不会直接参与损失，但是要抽取出利益的20%。

在2008年，当对冲基金的投资者认为他们所投资的基金只会在市场上升或者下降时才显示出正向回报时，平均对冲基金回报率下降了大约21%。对冲基金无法达到赎回的要求，于是颁布了没有多少人关注的门限规定，也就是允许经理们暂时拒绝投资者使用现金的要求。在2008年和2009年，大约25%的单一策略基金和组合型基金的表现，都跌至谷底。

如果你在考虑投资对冲基金，一定要了解清楚这个基金将如何套保，以及套保将如何执行，并且要了解基金组合中对冲基金所带来的回报。对冲基金是否会通过套保增加收益呢？很多时候，答案是否定的。如果对冲基金的套保并没有为你的投资增值，完全没有理由支付费用，因为这些费用每年会减少对冲基金的平均净回报率达到6%。

在独立管理账户这一块，通常会涉及许多战术战略，费用相对而言是最低的，但是表现却是突出的。独立管理账户是以投资者的名字开户的，投资者不会放弃对基金的控制。因为基金是以独立账户而非混合账户的名字开户的，所以对于投资者而言账户是透明的。他们可以直接从托管公司获得报表和报告，并且对账户有全天候的网络获取权限。同时，他们如果立即需要基金，也拥有及时获取的权利。理财经理只拥有这类基金的交易权——所有该账户的支出都必须获得账户持有者的许可。

费用是投资中很重要的一点，处理不好就很有可能拖了收益的后腿。从费用的角度而言，对冲基金总体而言是没有优势的。对冲基金经理愿意冒险，也有可能因为费用的绝对量级而长期表现不好。对于自我管理型的投资者而言，管理所持有的资产可能比它看上去要昂贵得多。许多基金既包含显性费用也包含隐形费用，这使得自我管理型投资尤其昂贵。此外，自我管理型投资者还常常缺乏足够的资源、经验以及规则。

如果你正在寻找专业的帮助来管理股票投资，那么主动管理的最佳选择通常是独立管理账户的中间区域。这就是许多最优秀的战术经理所处的位置，在这个位置中，费用结构不会影响战术经理创造更多回报的能力，也不会让战术经理面临更大的风险。

费用涉及以下几个关键点：

1. 费用是投资中非常重要的考虑点，但绝不是唯一的考量。

2. 投资中许多费用都不是瞬时明显的。你所要支付的全部费用很可能比你想象的要高得多。

3. 当费用太高时，比如对冲基金所需的费用，对经理的动力会有较大的影响，其表现也会大打折扣。

4. 如果你想要通过使用战术性股票管理策略主动管理自己的资产，相比起使用买入并持有策略，你很可能要支付更高的费用。然而，在战术股票管理领域，正是对表现和费用的平衡会为你日后的财富积累和资产保护提供绝好的机会。

第 21 章　写在最后

《不败而胜》这本书涉及范围极广。尽管避免亏损是一个老生常谈的话题，但是当前零售投资的环境使得这种投资目的并不那么容易达到。这本书结合了各种小故事和分析数据，从多个角度证明在股市低迷期及时撤离应该成为投资者的当务之急。我们希望这本书能让你充分意识到，在你的个人资产管理中，止损应该是重中之重。

《不败而胜》这本书想表达的最核心的观点就是：在上升期加入股市，在下跌期撤离股市。如果遵循这个简单的法则，你就能成为一名成功的投资者。

也许你曾被告知，在熊市中想要避免损失是完全不可能的事情，最谨慎的投资方法就是买入并持有，但是事实告诉我们，如果你压根儿没有任何行动，就谈不上避免损失。

《不败而胜》这本书带来的第二大要点是，你可以选择一些直截了当的方式来决定什么时候买入，以及什么时候卖出。我们衡量股市风险溢价，并将对起起落落的股市的风险承受能力作为何时投资以及何时撤离股市的一种引导。你无需成为一名选股专家，比选股更重要的是选择时机，也就是进入股市和撤离股市的最佳时机。

战术性股票投资不可能每天都带来战胜股市指数的喜讯，偶尔也会表现失常，这也可以算作使用保险计划来避免长久而惨重的损失的一份代价。

当我们临近退休年纪时，这份保险就会变得愈发重要。在全投资周期中，我们深信久经考验的股票投资组合管理方法，一定比传统的买入并持有方法要奏效得多，而我们的信念是基于实践证明的。

采用战术性方法进行股票投资的最好的结果是，你完全有可能既在熊市周期内表现突出，又在牛市周期内抓住各种大好机会。说到底，战术性股票投资的核心就是持有股票。股票提供了每一种主要资产类别的最好的长期回报。我们持股是为了尽可能地增加收益回报，而要做到这一点，就必须认识到收益和亏损是不对称的，避免重大损失是你可以做出的最重要的投资动作之一，而这也是沃伦·巴菲特的头两条投资准则。

不同于将收益视为股价的驱动力，我们关注的是投资者的风险认知。通过使用移动平均线模型来衡量风险感知是相对简单的，并且长期的实践证明，该模型能够成功用于预测牛市和熊市的周期。当我们持股时，我们可以通过持有相对强度高的股票或者增加投资组合的贝塔系数来实现高水平的股市参与度。当处在熊市周期时，我们可以通过移出所有股票来保护资产。

至此，你已经了解了如何主动管理资产，从而积累财富和避免损失的具体步骤。在投资之前，确保已经了解何时买入，买入什么以及何时卖出。